Gehler Einheit

Matthias Gehler

»Wollen Sie die Einheit – oder nicht?«

Erinnerungen des Regierungssprechers

edition ost

edition ost –
eine Marke der Eulenspiegel Verlagsgruppe

ISBN 978-3-360-02816-7

1. Auflage 2024

Illustrationen: Archiv Gehler S. 8, 10, 17, 26, 34, 61, 65, 66, 75, 106, 135, 139, 145, 152, 187, 191, 195, 207, 208, 231, 232, 243, 245, 252; Archiv edition ost S. 157, 200, 214, 228; Vera Rüttimann S. 27; Fritz Schumann S. 161
Umschlaggestaltung: Buchgut, Berlin

Satz: edition ost
Druck und Bindung: buchdruckerei.de, Berlin

www.eulenspiegel.com

Inhalt

Dank an Wolfgang Genz,
der das Buch leider nicht mehr erlebt,
aber über viele Jahre wollte, dass ich endlich schreibe.

»Wollen Sie die Einheit – oder nicht?«

Diese Frage brüllte mir Anfang August 1990 der Chefredakteur der Bild ins Ohr. Ich hatte bei Tiedje angerufen und mich über die Lüge auf der ersten Seite beschwert. Die Boulevardzeitung behauptete: »Die Menschen verzweifeln – die Minister machen Urlaub«, darunter waren die Porträts von zwölf Mitgliedern des DDR-Kabinetts abgebildet.

Diese Politiker waren zumeist dienstlich unterwegs und aalten sich keineswegs entspannt in der Sonne, wie wahrheitswidrig behauptet wurde. Die Meldung war aber nicht nur falsch. Sie spielte, was eine der Strategien des Massenblattes war, absichtsvoll mit Neid und Missgunst und die Rolle des Anwalts des »kleinen Mannes«. Während dieser im Schweiße seines Angesichts mit einer unsicheren Zukunft vor Augen das Geld zum Überleben hart erarbeitete, ließen es sich »die da oben« wohlergehen …

Tiedje wurde immer lauter. Ich wurde es auch. So viel Unverschämtheit konnte nicht unwidersprochen bleiben. Und dann kam in Gestalt dieser Frage der Hammer: »Wollen Sie die Einheit – oder nicht?«

Der Hammer besaß die gleiche Wucht wie jene Frage aus DDR-Tagen, mit der Hinweise auf Unzulänglichkeiten und Ärgernisse niedergebügelt wurden: »Bist du für den Frieden – oder etwa nicht?«

Donnerstag, 2. August 1990 60 Pf

Bild

UNABHÄNGIG ÜBERPARTEILICH

Mecklenburg/Vorpommern

Jetzt wird der Sommer gefährlich

Von Hoeneß (55000 Mark) bis Diekhoff (6600 Mark)

Der Tod lauert in der Erde

DDR Die Menschen verzweifeln – die Minister machen Urlaub

Daß sie sich nicht schämen

NACHRICHTEN

Deutschland will Berlin

Die Frau,

Was der Kanzler de Maizière sagte

★ Goldregen

Titelseite in der BILD vom 2. August 1990, als diese noch sechzig Pfennige kostete

Beide Fragen waren demagogisch.

Ich brüllte also zurück: »Aber nicht so – und nicht mit Ihnen!«

Über dieses heftige Telefonat berichte ich im letzten Kapitel dieses Buches. Hier wollte ich nur den Titel erklären.

Mit wie viel Ehrlichkeit, Sachlichkeit und Achtung baut jeder an dem Haus mit, in dem wir leben?

Die Metapher Gorbatschows vom »Gemeinsamen Haus Europa« ging nach dem Zerfall der Blöcke von der Annäherung aller aus. Der Wunsch war edel – die Annahme, dass das möglich wäre, erwies sich leider als Irrtum.

Diesen Dissens zwischen damaligem Anspruch und heutiger Wirklichkeit wollte ich für mich geklärt wissen.

Ich habe in meinen Unterlagen recherchiert und mich auf eine Zeitreise in das Jahr der Wiedervereinigung begeben. Vielleicht liegen hier einige Antworten. Damals war ich Staatssekretär und Regierungssprecher der ersten frei gewählten und letzten DDR-Regierung. Was ich miterlebt und aufgeschrieben habe, ist subjektiv. Die handelnden Personen sind nicht erfunden. Die Geschichten sind wahr. Die meisten Dialoge sind wortwörtlich wiedergegeben – ich war damals nicht nur ein Sprecher, sondern auch ein Schreiber, der sich fortwährend Notizen gemacht hat. Wir waren neu in der Politik, voller Ideale, strebsam, fleißig, selbstlos, mutig, teils überraschend einfallsreich und keck, aber auch unbefleckt naiv.

Was also ist aus dem gemeinsamen europäischen Haus Gorbatschows und der Rolle Deutschlands geworden?

Zur Beantwortung greifen mir populistische Thesen zu kurz. Der interne Blick auf das Denken und Handeln der Verantwortlichen 1990 und auf die Entwicklungen danach können vielleicht helfen, die Situation heute etwas besser zu beurteilen: Deutschland hat nach dem Kalten Krieg abgerüstet, die Nationale Volksarmee der DDR aufgelöst, sich im Vier-plus-Zwei-Vertrag auf eine Truppenstärke von 370.000 Soldaten festlegen lassen, Waffenbestände verkauft, Munition entsorgt und Panzer verschrottet. Dann folgte 2010 der Bundestag den Vorschlägen einer Kommission, die Wehrpflicht auszusetzen und die Armee auf 180.000 Soldaten zu reduzieren.

Wir haben es vorgemacht, aber kaum jemand ist uns gefolgt.

Im Gegenteil: Weltweit sind die Rüstungsausgaben gestiegen und keine Atommacht hat den von 122 Staaten unterzeichneten Atomwaffenverbotsvertrag ratifiziert. Wir haben neue Fronten und den Krieg direkt vor der Haustür. Nun ist »Zeitenwende«, so der deutsche Kanzler. Wir rüsten auf, wollen uns nicht mehr nur auf die Amerikaner verlassen müssen, rücken in Europa zusammen, anders als Gorbatschow es sich gedacht hat und wir es damals wollten, und unterstützen die Ukraine. Schon bei unserem ersten Besuch im April 1990 in der Sowjetunion hatten uns die Sowjets signalisiert, dass Perestroika und Glasnost nicht ausreichen, um das künftige Russland zu stabilisieren.

Bei einem weiteren Treffen in Moskau hatten mir die sowjetischen Gastgeber bei einem langen Mittagessen

Die Regierung der DDR strebt eine drastische Reduzierung aller deutschen Streitkräfte an. Die DDR verzichtet auf Herstellung, Weitergabe, Besitz und Stationierung von ABC-Waffen und strebt Entsprechendes im geeinten Deutschland an. Sie tritt außerdem ein für ein globales Verbot chemischer Waffen noch in diesem Jahr. Der nukleare Abrüstungsprozeß muß fortgesetzt werden. Wir erhoffen uns noch in diesem Jahr einen positiven Abschluß der START-Verhandlungen über eine 50%ige Verringerung der strategischen Nuklearwaffen zwischen der Sowjetunion und den Vereinigten Staaten.

Die Regierung der DDR will beim Abrüstungsprozeß eine Vorreiterrolle einnehmen. Wir werden sofort Maßnahmen einleiten, um die Kriegswaffenproduktion und den Export von Waffen zunächst einzuschränken und in einem überschaubaren Zeitraum ganz einzustellen. Die Rüstungsexporte in Krisengebiete haben generell zu unterbleiben. Wir werden eine Umstrukturierung der Volksarmee und einen schrittweisen Abbau der militärischen Verpflichtungen der DDR einleiten. Die poli-

Auszug aus der Regierungserklärung des DDR-Premiers Lothar de Maizière vom 19. April 1990

einen Berater Gorbatschows zur Seite gesetzt, der sehr offen vom Auseinanderbrechen der Völker der Sowjetunion berichtete und meinte, dass einerseits Eile geboten sei. Bedrängend redete er auf mich ein, dass der Prozess der Wiedervereinigung für die Sowjets andererseits viel zu schnell gehe und wir langsamer machen sollten.

Wir haben die aus DDR-Zeiten geerbten Erdgas- und Öl-Pipelines in der Sowjetunion weiter ausgebaut, schon 1990 langfristige Verträge geschlossen und sind in Vorleistung gegangen. Das war »Deutsch-Sowjetische Freundschaft« damals auch im Sinne der Bundesregierung, um die Sowjets bei Laune zu halten und an anderer Stelle Zugeständnisse zu bekommen. Jahrzehntelang hat das der deutschen, aber auch europäischen Wirtschaft Vorteile verschafft. Das sind ohne Frage Abhängigkeiten, aber gewollte und nicht nur politische. Heute kappen wir die russische Energiezufuhr, schwächen unsere Wirtschaft und machen Konkurrenten stark, weil »der Russe« uns angeblich hintergangen hat. Zumindest halten wir Europäer weitestgehend in diesem Punkt zusammen – was den anderen Staaten der Gemeinschaft nicht ganz so schwerfällt wie uns. Ob allerdings die Flüssiggaszufuhr aus Übersee auf festeren Fundamenten steht, bleibt abzuwarten.

Wir sind aus der Atomenergie ausgestiegen. Die letzte DDR-Regierung hat 1990 zuerst abgeschaltet, Lubmin bei Greifswald und Rheinsberg im nördlichen Brandenburg. Stendal wurde nicht weitergebaut. Dann begann der gesamtdeutsche Ausstieg unter der ersten rot-grünen Bundesregierung von Gerhard Schröder mit dem sogenannten Atomkonsens, dem Vertrag mit den Energieversorgungsunternehmen im Jahr 2000. Angela Merkel hat 2011 die Katastrophe von Fukushima genutzt, um gänzlich auszusteigen – drei Tage nach dem Reaktorunglück. Das war ein Alleingang in vielerlei Hinsicht. »Die Ereignisse in Japan lehrten uns, dass die Risiken, die für absolut unwahrscheinlich gehalten wurden, doch nicht vollends unwahrscheinlich sind«, begründete die Kanzlerin den Ausstieg.

Den Zeitpunkt hat sie genutzt, aber die Atom-Sicherheitslage hat sich damit nicht verbessert. Unsere Nachbarn im gemeinsamen Haus Europa erkaufen sich vermeintliche Umweltfreundlichkeit, indem sie Atomenergie von der EU »reinwaschen« lassen und ein neues Kernkraftwerk nach dem anderen bauen. Wir haben uns vom Stromexporteur zum Importeur zurückentwickelt und uns in neue Abhängigkeit begeben.

Wir zeigen Gesicht und der Welt, besonders ab 2015, wie humanistisch wir Deutschen sind und geben Geflüchteten großzügig Asyl zu besten Bedingungen – ohne die nötige Infrastruktur dafür gehabt zu haben. Erst gab es vorwiegend Zustimmung und Begrüßungsfeiern, dann war die Euphorie weg und scheinbar drehte sich das Blatt. Dann hat die Kanzlerin gehandelt und die Verträge mit der Türkei auf den Weg gebracht. Europäische Einigkeit im Umgang mit Geflüchteten sähe aber anders aus. Nationalismus führt ins Abseits, Weltoffenheit zu Austausch, Handel, Wohlstand und Frieden. Die deutsche Sprache ist voller Lehnworte. Die Geschichte zeigte, welche Vorteile es gebracht hat, dass zum Beispiel die Römer oder die Hugenotten mit uns gelebt haben. Wir hatten 1990 ähnliche Probleme wie heute. Wie sind wir damit umgegangen und was haben wir geschafft?

Helmut Schmidt, der im Oktober/November 1975 als erster Bundeskanzler China besuchte und Mao und Deng Xiaoping getroffen hat, war ein Kenner des aufstrebenden Weltreiches und beeindruckt von der tausende Jahre alten chinesischen Zivilisation. In einer Rede vor der »Deutschen Gesellschaft für auswärtige Politik« mahnte er 2008 die westliche Außenpolitik zum »Verzicht auf Überheblichkeit und herablassende moralische und politische Belehrungen«. Natürlich sind die Menschenrechte inzwischen weltweit festgeschrieben und Schmidt sagt man nach, dass er in dieser Frage sehr spezielle Ansichten hatte, aber trotzdem gilt für uns Deutsche wegen der eigenen Geschichte eine besondere diplomatische Vorsicht, wenn wir das fünftausend Jahre alte China auf Menschenrechte hinweisen, die die Französische Revolution vor gerade einmal 230 Jahren erfunden hatte, und brüskieren unseren Handelspartner.

Wir hatten zur ersten freien Wahl in der DDR am 18. März 1990 eine Wahlbeteiligung von 93,4 Prozent. Bei der ersten gesamtdeutschen Wahl am 2. Dezember 1990 lag die Wahlbeteiligung nur noch bei 77,8 Prozent, besonders in den sogenannten neuen Bundesländern war man in kurzer Zeit mit vielen Kommunal- und Landtagsurnengängen wahlmüde geworden. So viel zur Haltbarkeit von praktizierter Demokratie. Wir möchten, dass möglichst alle Länder dieser Welt demokratisch werden und spüren gerade, wie brüchig unsere eigene Demokratie sein kann. Vielleicht weil sie nicht die britische oder amerikanische Tradition darin hat. Was aber – dank Trump – auch dort nicht für immer gesetzt sein muss. Wer die Demokratie gefährdet und Europa abschaffen will, steht nicht in der Tradition der Friedlichen Revolution, die mit der Beteiligung zur Volkskammerwahl schließlich die höchste Wahlbeteiligung aller freiheitlichen Wahlen in Deutschland hatte.

Mir, der ich 1990 die Deutsche Einheit und ein »Europäisches Haus« wollte, machen die deutschen Alleingänge Sorgen. Steckt Naivität dahinter, Sendungsbewusstsein oder die alte deutsche Überheblichkeit – nur in anderer Gestalt? Alle die genannten Weltrettungsaktionen mögen notwendig und sehr edel sein, als Alleingänge sind sie teils sinnlos, entfremdend oder sogar gefährlich. Die Siegermächte des Zweiten Weltkrieges wollten 1990, dass Deutschland eingebunden bleibt. Alleingänge kann man sich nur leisten, wenn man sich dabei nicht selbst zerstört. Das gemeinsame europäische Haus verlangt, dass sich die Deutschen als wichtiger Teil davon empfinden, wie das 1990 gedacht war. »Wollen Sie die Einheit – oder nicht?« ist auch eine europäische Frage.

Wir hatten als erste freigewählte Volkskammer und DDR-Regierung mit 164 Gesetzen und 93 Beschlüssen zur Wiedervereinigung unendlich viel geregelt – sachlich und juristisch. Es gab – inklusive Vier-plus-Zwei-Vertrag – drei große Staatsverträge. Die Volkskammer der DDR war in jenem halben Jahr das eifrigste Parlament in Deutschland und die fleißigste Regierung der Welt. Ich werde oft gefragt, was wir hätten besser machen können – im Nachhinein: alles. Aber in dieser Zeit haben wir das Möglichste getan mit den Mitteln, die wir hatten, und in dem Zeitfenster, das uns blieb. Ich habe kein schlechtes Gewissen. Ich kenne die leeren Staatskassen der DDR, ich habe begriffen, wie untauglich das System war, wie ideologieverbohrt und wie unfrei die Bevölkerung gehalten wurde. Dagegen hatte ich als Pfarrer argumentiert, als Liedermacher gesungen und als Journalist geschrieben, soweit Letzteres möglich war. Wegen meiner kirchlichen Jugendarbeit wollte ich nicht zur Armee, als Liedermacher hatte ich Auftrittsverbot und als Journalist wurden meine Artikel zensiert. Ich bin voller Ideale auf die Straße gegangen und mit vielen anderen marschiert, und am Abend, als die Mauer fiel, bin ich mit nach Westberlin gepilgert und habe die Freiheit gefeiert.

Ich wollte die Einheit, aber in einem gemeinsam veränderten Deutschland. Geblieben ist der Rechtsabbiegepfeil – und das leider in jeder Hinsicht. Ich will nicht die DDR zurück. Ich wollte die Einheit und konnte mir natürlich nicht aussuchen mit wem. Wir Ostbürger waren alle ziemlich gleichgemacht. Bei den Westbürgern gab es mehr Solche als Solche. Eine auf Kollektivismus aufgebaute Subkultur traf auf individuelle Selbstverwirklichung. Es kamen die, die den Osten mit aufbauen wollten, eine Zeitlang zwischen den Kulturen lebten und schließlich gottseidank hier ihre Heimat gefunden haben. Es kamen aber auch die, die reihenweise nur im Eigeninteresse die leitenden Stellen in den Ministerien, Universitäten, Betrieben und Medien besetzten und bis heute die Stellung halten, die, die den Osten zum Absatzmarkt der Westwirtschaft machten und den treuhänderischen Ausverkauf betrieben.

Die Bauern, die 1990 mit ihren Traktoren Straßen und Plätze blockierten, hatten geordnete Verhältnisse nach der Wiedervereinigung als Ziel. Die Bauern sind heute wieder unterwegs – nur dass es keinen 3. Oktober mehr geben wird, nachdem die Welt erst einmal stabilisiert scheint. Ideales Pflaster für Heilsbringer.

Mit dem 3. Oktober 1990 begann der Wiederaufbau unter geregelten Bedingungen. Die Regelungen waren erprobt, aber zumeist bundesdeutsch. Jetzt hatte jeder auf dieser Grundlage seine Existenz zu sichern.

Wir sind mit Erfolgen belohnt worden, fahren auf neuen Autobahnen und Schienen. Die grauen Städte sind verschwunden. Das wäre ohne die Wiedervereinigung nicht möglich gewesen.

Die Einheit zwischen den Menschen, den Politikern und dem Volk, den Beamten und den Angestellten, den Unbeweglichen und den Flexiblen, den Generationen, den Geschlechtern, den Ethnien, denen, die Werte schätzen, und denen, die sie bekämpfen, denen, die etwas leisten, und denen, die auf Kosten der anderen leben und bereit sind, die Gesellschaft zu riskieren – diese Einheit gibt es nicht. Daran gezielter zu arbeiten, war eine verpasste gesamtdeutsche Chance. Und was West-Ost angeht: Wo sind die West-Ost-Schüler-Austauschprogramme, die Verlagerungen von Industriebetrieben, die konsequenten Ansiedelungen von weiteren Bundesbehörden, die Aufhebung des Lohngefälles, die reale Gleichstellung der Frau und Vieles mehr. Das sind alles Dinge, die über den Einigungsvertrag hinaus gehen, aber gestaltet werden müssen. Es wird keinen Zeitpunkt wie den Tag der Wiedervereinigung 1990 mehr geben, an dem alles in Kraft tritt. Die Einheit muss bewahrt, gestaltet und entwickelt werden.

Weitestgehend unbeachtet blieb, dass wir aus den beiden Deutschlands aus unterschiedlichen Kulturen kommen. Wir sind in verschiedenen Welten aufgewachsen. Dabei sind Familien die kleinsten kulturellen Einheiten. Wir waren fünf zu Hause – meine Eltern und drei Geschwister. Wir haben bis zu drei Stunden am Abendbrottisch gesessen und diskutiert. So habe ich Kommunikation gelernt und später im Studium von

Der Autor in den achtziger Jahren

Theologie, Psychologie und Kommunikation professionalisiert. Ich konnte schon weit vor der Regierungssprecherzeit reden. Ich habe im sogenannten »Konziliaren Prozess« in den Kirchen zu den Themen Frieden, Gerechtigkeit und Bewahrung der Schöpfung mitdiskutiert und Demokratie geübt.

Ich habe während der Wendezeit mit an einer neuen Verfassung gearbeitet, die nie verabschiedet wurde. Die Kultur, aus der ich persönlich komme, war oft alternativ. Viele sind in der DDR anders aufgewachsen, aber auch geborgen in ihren Familien.

Die DDR war meine Heimat, in der ich sozialisiert wurde und die ich für etwas Besseres abgeschafft habe.

Der Beweis bleibt eine Herausforderung.

Matthias Gehler
Thüringen im Frühjahr 2024

Der Referent

Handys sind noch nicht erfunden. Digitale Steinzeit. Ohne eine Information laufe ich in die Falle. Ich betrete das Foyer der CDU-Parteileitung am Berliner Gendarmenmarkt. Mehrere Kameras sind aufgebaut. Nach oben hat man die Medien nicht gelassen. Der Raum ist hell erleuchtet. Ich bin geblendet, blinzle mit den Augen und will nur schnell durchkommen und den Treppenaufgang mit den breiten, steinernen Stufen erreichen. Journalisten sind lästig. Ich habe es geschafft, stehe auf der ersten Stufe und bin erleichtert.

Da ruft einer hinter mir her: »Sie sind doch der Referent von Martin Kirchner?«

Ich drehe mich um, stehe jetzt etwas erhöht, für alle sichtbar und sage naiv: »Ja.« Ich hätte einfach weitergehen sollen. Ich hätte schweigen sollen. Anfängerfehler. Eitelkeit. Ehrlichkeit. Abenteuerlust. Neugierde. Die Kameras schwenken auf mich.

»Was sagen Sie dazu, dass Martin Kirchner in der Stasi gewesen sein soll?«

Darauf war ich nicht gefasst. Ich hatte nie davon gehört und antworte aus Loyalität zu meinem Chef, dem neuen Generalsekretär der CDU der DDR: »Das kann ich mir nicht vorstellen.«

Ich drehe mich wieder um und steige die Stufen hinauf in die erste Etage. Hier ist vor kurzem Lothar de

Maizière eingezogen. Die Journalistentraube habe ich hinter mir gelassen und weitere Fragen nach Martin Kirchner ignoriert. Die Tür zum Büro des Parteivorsitzenden ist offen und ich gehe hinein. Die Büroleiterin Sylvia Schulz und mehrere Mitarbeiter stehen um ihren Chef im Halbkreis und beratschlagen, was nun, angesichts der wartenden Journalisten, die eine Stellungnahme von de Maizière zu den Stasivorwürfen gegen seinen Generalsekretär erwarten, zu tun sei. Ich stelle mich dazu.

Kirchner ist nicht in der Runde. Er hat sich krankgemeldet und ist zu Hause in Eisenach. Für die Pressearbeit der Partei bin ich nicht zuständig; dafür gibt es Helmut Lück. Man beschließt, die Sache Kirchner selbst zu überlassen und nichts zu sagen.

Das ist keine gute Situation für mich. Ich habe schon etwas gesagt und kann jetzt nur hoffen, dass für die Journalisten die Stimme eines Referenten völlig unbedeutend ist. Doch dem ist nicht so. Journalisten klammern sich an alles. Weil sich sonst niemand geäußert hat und Lück ihnen nur sagt, dass sie sich an Kirchner selbst wenden sollen, sehe ich mich am Abend plötzlich im Fernsehen mit dem Spruch wieder: »Das kann ich mir nicht vorstellen«.

Im Insert stehen mein Name und meine Funktion. Ich gerate in Panik. In solchen Fällen werde ich zumeist aktiv. Ich setze mich in meinem »Wartburg« hinters Steuer und fahre los. Mein Ziel ist Martin Kirchner in Eisenach. Es ist schon dunkel. Mit Tempo einhundert, wegen der Geschwindigkeitsbegrenzung, weil der

Wagen kaum mehr schafft und weil die Betonplatten auf der A9 schlecht aneinandergereiht sind.

Ich habe Zeit nachzudenken, wie ich überhaupt in diesen Politzirkus hineingeraten bin.

Der Ruf der Partei

Das war im Spätherbst 1989. Ich saß in einem verrauchten Redaktionsraum der *Neuen Zeit*, Organ der Christlich-Demokratischen Union der DDR, und kümmerte mich um einen Artikel für Seite drei. Das Telefon klingelte. Wulf Trende, seit 1968 Mitarbeiter im CDU-Hauptvorstand und seit 1975 Leiter der Abteilung Kirchenfragen, meinte, ich solle doch mal »rüberkommen«.

Die Parteileitung residierte in einem schmucken Gebäude am Gendarmenmarkt. Ich ging die edle Treppe ganz nach oben, wurde freundlich empfangen und gebeten, vor Trendes Schreibtisch Platz zu nehmen. Trende, den ich nie zuvor gesehen hatte, schmeichelte mir: »Herr Gehler, wir wissen, Sie leisten gute Arbeit bei der *Neuen Zeit* und stehen für Veränderung. Sie betreuen die Kommunikationsseite, schreiben gute Berichte und nebenbei sind Sie auch kulturell noch als kritischer Liedermacher unterwegs. Hier wird sich auch vieles verändern. Wollen Sie nicht zu uns kommen?«

Ich war überrascht: »Was soll ich denn hier machen?«

Trende zeigte sich entschlossen: »Sie sollen Referent des CDU-Generalsekretärs Martin Kirchner werden«.

Ich wollte um Himmels willen nicht in einem Verwaltungsapparat landen und schon gar nicht in dem einer Partei. Deshalb fragte ich: »Was soll ich da tun?«

Jetzt meinte Trende wohl, ich hätte angebissen. Er versuchte, seinen Fisch an Land zu ziehen. So warb er für meinen zukünftigen Job in rosigen Farben: »Sie können ja gut schreiben. Sie werden Reden für den Generalsekretär ausarbeiten. Sie werden wichtige Termine mit Herrn Kirchner wahrnehmen, ihn darauf vorbereiten und danach Protokolle anfertigen. Sie werden vertrauliche Briefe beurteilen und beantworten. Sie werden da sein, wenn der Generalsekretär Sie braucht.«

Ich erbat mir etwas Bedenkzeit. Die wurde mir auch gewährt. Auf dem Rückweg in die Zeitungsredaktion dachte ich darüber nach, was ich bezüglich des Reformprozesses in der CDU bislang als Journalist schon erlebt hatte. Die Kritik innerhalb der Partei, die ab 1987 lauter geworden war, hatte für die Kritiker mitunter erhebliche Konsequenzen gehabt. Die zentrale Führungsrolle der SED im Parteiensystem der DDR war von Anfang an, vor allem innerhalb des Fußvolkes der CDU immer wieder ein Thema. Viele sahen die CDU trotzdem als Alternative zur SED. Mit dem CDU-Parteibuch in der Hand war es immerhin noch möglich, begrenzt Karriere zu machen. Es waren sogar abweichende Positionen wie zur Abtreibung und natürlich die Kirchen-Mitgliedschaft geduldet worden. Vor allem aber hatte sich die CDU nie zur marxistisch-leninistischen Weltanschauung bekannt. Es ist insofern schlichtweg falsch, wenn Oskar Lafontaine, der Parteivorsitzende der SPD und spätere Linken-Vorsitzende, irgendwann behauptete, die CDU in der DDR sei eine kommunistische Partei gewesen.

Wegen der kleinen Unterschiede hatte die CDU in den achtziger Jahren einen kontinuierlichen Mitgliederzuwachs erfahren. 1988 wagten es Vorsitzende von Ortsgruppen im Bezirk Frankfurt an der Oder und in Sachsen, öffentlich die führende Rolle der SED infrage zu stellen. In Neuenhagen bei Strausberg wurde schriftlich die Bevormundung durch die SED angeprangert. Es wurden Parteienvielfalt und eine Änderung des Wahlrechts gefordert. Solche »Revolten«, auch wenn sie sich auf Glasnost und Perestroika beriefen, hatten Konsequenzen. Mir wurde in der Redaktion bekannt, dass eine Ärztin, die CDU-Ortsgruppenvorsitzende Else Ackermann, durch ihre Aufmüpfigkeit ihre Stellung an der Akademie der Wissenschaften verloren hatte. Selbst die Staatssicherheit registrierte in ihrer Information 502/89 die Alt-gegen-Neu-Rebellion innerhalb der CDU, bis hin zur Idee eines neuen Wahlgesetzentwurfs, der nicht mehr vorsah, sich im Block mit den SED-Kandidaten aufzustellen.

Die CDU-Parteiführung dagegen hatte sich im System eingerichtet. Bis auf die in den Westen geflüchteten Parteiführer Jakob Kaiser und Andreas Hermes konnten dann die Funktionäre der siebziger und achtziger Jahre gut damit leben, eine willfährige Statistenrolle zu spielen, solange die Zuschüsse aus der Gesamt-Parteienfinanzierung der DDR stimmten. Es ging ihnen persönlich gut. Damit das so blieb, forderte noch

Ende September 1989 der Hauptvorstand der Partei die CDU-Mitglieder auf, sich in Mitgliederversammlungen gegen die »zügellose Hetze gegen den sozialistischen deutschen Staat« zu wenden.

In der Redaktion der *Neuen Zeit* begann das Nachdenken mit Gorbatschow. Ich erinnere mich an eine Redaktionskonferenz, auf der Redakteure, die 1987 die Sowjetunion besucht hatten, von ihren Erlebnissen mit Glasnost und Perestroika in den russischen Medien berichteten. Sie entfachten ein kleines Feuer die in der Konferenz öffentlich gestellte Frage: »Was können wir hier tun, und wie weit können wir gehen?«

So entstanden sehr vorsichtige Reformbestrebungen innerhalb des Union-Verlages. Es wurde zum Beispiel beschlossen, die Seite 3 der Freitagsausgabe dem Thema »Kommunikation« zu widmen. Ich bin meiner Chefin Carola Schütze heute noch dankbar, dass ich die Seite betreuen durfte. Das hat mir Spaß gemacht, ging es doch um konkrete Beziehungsthemen und soziale Konflikte.

Wir hatten in der Redaktion ein sehr kollegiales Miteinander und so beratschlagte ich mit meinen Kolleginnen und Kollegen den »Ruf der Partei«, der mich ereilt hatte. Wulf Trende, der mir den neuen Job schmackhaft gemacht hatte, rechnete innerhalb der Altfunktionäre zu den Reformern. Die Position der Erneuerungswilligen war im Spätherbst 1989 inzwischen gestärkt. Also sagte ich »Ja« und wechselte in die CDU-Parteileitung.

Der studierte Jurist Kirchner gehörte seit 1967 der CDU an. Neben der Mitarbeit im Hauptvorstand der Partei war er Leiter des Kreiskirchenamtes Gera und seit

1987 juristischer Oberkirchenrat, Synodaler und stellvertretender Vorsitzender des Landeskirchenrates der Evangelisch-Lutherischen Kirche in Thüringen. Er residierte seit dem Sonderparteitag Mitte Dezember 1989 als Generalsekretär in der zweiten Etage des Neubaus am Gendarmenmarkt, über dem Büro des neuen Parteivorsitzenden Lothar de Maizière.

Als ich – sein neuer Referent – erstmals sein Büro betrat, fand ich einen kleine Mann vor, der stolz, aber verloren in einem viel zu großem Ledersessel saß. Er blieb dort zur Begrüßung sitzen und nahm sofort Bezug auf dieses Sitzmöbel. Er erzählte, dass hier der Stellvertreter des früheren Parteivorsitzenden Gerald Götting, Wolfgang Heyl, gesessen habe, aber diese Zeit sei ja jetzt vorbei. Kirchner hatte räumlich Besitz vom Thron ergriffen. Was ihm aber nicht wirklich gelang, denn in diesem riesigen Sessel schien er unendlich verloren. Es war wie ein Bild aus einem Comic. Da hatte jemand ein viel zu großes Amt bekommen. Die ganze Szene wirkte lächerlich und befremdlich auf mich.

Mir als seinem Referenten signalisierte mir Martin Kirchner eine gewisse Überlegenheit gegenüber dem neuen CDU-Vorsitzenden Lothar de Maizière. Er erklärte mir alles noch einmal aus seiner Sicht, was ich vom Parteivorsitzenden gehört hatte. Oft agierte er eigenständig, ohne sich um die Meinung seines Chefs zu kümmern. Stand ich dabei, wenn er Interviews gab, redete er wie ein Vorsitzender.

Einige Trümpfe hatte er in der Hand. Kirchner war Synodaler, hatte eine leitende Kirchenfunktion inne, kam aus einem starken CDU-Kreisverband und war Mitautor des »Briefes aus Weimar«, dem Reformpapier der CDU. Seine Stellung schien gefestigt.

Kirchner forderte sehr oft seinen Vorsitzenden heraus: Er vertrat vehement die Ansicht, dass seine Partei die Zusammenarbeit mit der SED beenden und die sogenannte Nationale Front und schließlich die Modrow-Regierung verlassen sollte.

Lothar de Maizière war anderer Meinung. Er meinte, dass das Land angesichts der vielfältigen Aufgaben in der Wendezeit eine breit aufgestellte Führung brauchte.

Lothar de Maizière, geboren 1940 in Nordhausen, studierter Bratschist und dann Rechtsanwalt, als Vorsitzender der DDR-CDU seit dem 18. November stellvertretender Premierminister in der Regierung Modrow

Dieser Verantwortung dürfe sich die CDU nicht entziehen. Er gehörte dem Modrow-Kabinett als Minister an und war einer der drei Stellvertreter des Ministerpräsidenten. Hans Modrow, seit 1973 Parteichef im Bezirk Dresden, war am 13. November 1989 von der Volkskammer mit der Regierungsbildung beauftragt worden. Anfang Februar 1990 nahm er Vertreter der neuen oppositionellen Gruppierungen des Zentralen Runden Tisches als Minister ohne Geschäftsbereich in die Regierung auf. Er nannte sie »Regierung der Nationalen Verantwortung«. Sie sollte bis zum 12. April amtieren.

Hinter Kirchners Forderung, die CDU solle die Regierung verlassen und in Opposition gehen, standen

Hans Modrow (1927-2023) führte vom 13. November 1989 bis zum 12. April 1990 die vorletzte DDR-Regierung und war in der Funktion des Ministerpräsidenten der Vorgänger von Lothar de Maiziére

viele Kreisverbände und insbesondere die im Thüringer Raum, so auch der in Mühlhausen und Eisenach. Es kam schließlich zur öffentlichen Machtprobe zwischen Martin Kirchner und Lothar de Maizière. Der Generalsekretär verkündete Mitte Januar 1990 der Presse, dass die CDU aus der Modrow-Regierung aussteigen werde.

Lothar de Maizière und sein Stab waren entsetzt. Das war nicht abgesprochen.

Der hugenottische Preuße de Maizière war bei solchen Disziplinverstößen kaum zu halten. Ich wurde in sein Büro zitiert und zur Rede gestellt. Ich beteuerte, von dem Komplott nichts gewusst zu haben, was auch stimmte.

Parteichef de Maizière dementierte Kirchner, die CDU werde nicht die Modrow-Regierung verlassen. Die Westberliner *taz* zitierte am 19. Januar 1990 einen CDU-Sprecher mit der Erklärung de Maizières, dass die Äußerung des Generalsekretärs nicht mit ihm abgesprochen gewesen sei …

Und nun diese Sache mit der Stasi. Drei Tage vor der Volkskammerwahl am 18. März.

In dieser auch innerparteilich zugespitzten Lage fahre ich nach Eisenach, um Kirchner zu fragen, ob er Stasi-Mitarbeiter gewesen ist. Die Adresse des Generalsekretärs und eine Karte liegen neben mir auf dem Beifahrersitz. Ich halte vor einer größeren Villa, steige aus. Kirchner steht auf dem Klingelschild. Es ist Mitternacht. Ich läute Sturm. Martin Kirchner öffnet die Tür mit zerzausten Haaren und im Bademantel, einen langen Schal um den Hals gewickelt.

Er ist erstaunt. »Sie sind extra aus Berlin hierhergekommen?«

Ich bejahe und erzähle. »Ich bin von Journalisten gefragt worden, ob Sie in der Stasi waren, und ich habe gesagt, dass ich mir das nicht vorstellen kann. Jetzt möchte ich wissen, ob Sie für das Ministerium für Staatssicherheit gearbeitet haben oder nicht.«

Martin Kirchner bittet mich herein und setzt sich in einen Sessel. Dieser ist nicht aus braunem Leder wie der in seinem Büro und auch nicht so wuchtig. Dieser Sessel ist mit Stoff überzogen, hat Holzlehnen und scheint für seinen Besitzer maßgefertigt.

Kirchner bietet mir einen Stuhl an. Ich setze mich ihm gegenüber. Der kranke Generalsekretär sitzt rangmäßig höher als ich und wiederholt ungläubig und erstaunt: »Da sind Sie wirklich nur wegen mir gekommen?«

Die Frage klingt rhetorisch. Sein Blick wechselt zwischen Bewunderung, Stolz und Distanz. Die Szene hat etwas sehr Privates. Zudem sind wir schließlich in seiner Wohnung. Ich habe immer noch meinen Mantel an und will ihn auch nicht ausziehen, denn ich möchte gleich wieder nach Berlin zurück.

Kirchner richtet sich auf und wirkt nun wie ein Lehrer: »Herr Gehler, wo denken Sie hin! Natürlich war ich nicht in der Stasi. Das ist alles eine Intrige. So ist die Politik.« Es folgt eine kleine Belehrung über politische Machtspiele, dann hält er inne: »Sie sind wirklich deshalb aus Berlin hierhergekommen?«

Ich bestätige zum wiederholten Male.

Wir reden noch etwas über seine Krankheit. Dann steige ich erleichtert in mein Auto. Er war nicht dabei. Ich denke während der Rückfahrt darüber nach, dass ich im September letzten Jahres als Berichterstatter für die *Neue Zeit* in Eisenach war. Es ging um den »Brief aus Weimar«, der auf einer Pressekonferenz der Öffentlichkeit vorgestellt worden war und eine Rebellion innerhalb der CDU auslöste. Zur Gruppe der Aufsässigen hatte Martin Kirchner gehört. Wie konnte ich jetzt an seiner Integrität zweifeln. Wie konnte einer wie er auch nur annähernd in Verdacht geraten, mit der Stasi gekungelt zu haben? Mehr denn je bin ich davon überzeugt, dass Kirchner so eine weiße Weste hat wie ich selbst.

Kirchner war prominenter Vertreter des Reformpapiers, nicht dessen Urheber. Das war Gottfried Müller gewesen, ein promovierter Theologe und seit 1981 Chefredakteur der Kirchenzeitung *Glaube und Heimat,* die in Thüringen erscheint. Müller wirkte immer ein wenig zerstreut, war aber ein kluger Kopf und verfügte über jene Entschlossenheit, die man brauchte, um zum richtigen Zeitpunkt das Richtige zu tun. Seine Ko-Autoren waren Christine Lieberknecht, Martina Huhn und Martin Kirchner.

Der »Brief aus Weimar« forderte Veränderungen innerhalb der DDR-Struktur. In dreißig Punkten beschrieb er die sich aktuell zuspitzende Situation im Land. Immer mehr Menschen verließen die DDR. Die Kirchen waren zu Demokratieorten geworden, und die CDU, so hieß es, sollte ebenfalls der Demokratie Raum geben. Sie sei »herausgefordert, ihre gesellschaftliche

Mitverantwortung an höheren Maßstäben zu messen«. Die »innerparteiliche Demokratie« solle sich nicht am »demokratischen Zentralismus« orientieren, hieß es in dem Brief. Die Meinungen der CDU-Mitglieder sollten »authentisch zum Ausdruck« gebracht werden dürfen. Es wurden mehr Offenheit, Reisefreiheit, Wahlfreiheit, Pressefreiheit und Transparenz von Verwaltungsentscheidungen gefordert.

Im Gründungsstatut der Bürgerrechtsbewegung *Neues Forum* mit Bärbel Bohley war das alles zwar viel schärfer formuliert worden, aber hier sagte dies eine Partei mit rund 130.000 Mitgliedern. Das war ein Quantensprung.

Um sicherzugehen, dass der »Brief aus Weimar« bekannt und nicht unter Verschluss gehalten wurde, wollten Müller, Huhn und Kirchner das Papier auf einer Pressekonferenz vorstellen. Da alle Autoren des Briefes in kirchlichen Diensten standen, hatten sie die Pressekonferenz am Rande der Synode des Bundes der Evangelischen Kirchen in der DDR am 17. September in Eisenach platziert. Das brachte neben dem Überraschungseffekt genügend Aufmerksamkeit wegen der anwesenden Journalisten. Ich war als Berichterstatter für die *Neue Zeit* bei der Synode. Übernachtet hatte ich im CDU-Gästehaus unterhalb der Wartburg. Ich teilte ein Zimmer mit einem Kollegen der Kirchenredaktion. (Auch er sollte später als inoffizieller Mitarbeiter der Staatssicherheit enttarnt werden.)

Ich gehörte zur Redaktion Innenpolitik und wollte den Brief in der *Neuen Zeit* veröffentlichen. Das wurde von meinen Vorgesetzten abgelehnt. Diese hatten Order von der CDU-Führung. Die Autoren des Schriftstücks waren angeblich zu weit gegangen. Allerdings: Weil West-Journalisten bei der Synode zugegen waren, flimmerte der Brief alsbald über die Bildschirme der bundesdeutschen Medien. Damit war die Sache in der Welt. Trotzdem versuchte die Parteiführung in Berlin, die Weitergabe des »Briefes« in die Kreisverbänden der CDU zu verhindern. Bereits verschickte Exemplare wurden eingesammelt.

In den Folgetagen war ich Andruckredakteur und habe mit einem sehr vertrauenswürdigen Drucker diskutiert, ob ich etwas von der Seite nehmen könnte, um auf eigene Faust den Brief zu veröffentlichen. Der Drucker wollte mitmachen, aber letztlich fehlte uns beiden der Mut, konspirativ den Andruck zu verändern. Der Parteivorsitzende Götting sprach den Autoren Redlichkeit ab und setzte darauf, die Angelegenheit zu zerreden, indem Leserbriefe mit kritischer Haltung zum »Brief aus Weimar« und seinen Autoren in der *Neuen Zeit* platziert wurde.

Das Thema aber war gesetzt. Der Weimarer Brief stieß bei Mitgliedern, aber auch bei Funktionären auf Kreisebene auf große Zustimmung. Endlich werde das ausgesprochen, was im Volk schon seit geraumer Zeit breit diskutiert wurde. In Jena verfasste der Kreisvorstand eine unterstützende Erklärung, in Eisenberg betonte man, dass der Brief »wichtige Fragen« enthalte. Kreisvorsitzende kritisierten die Parteiführung in Berlin, weil sie ihnen und den CDU-Mitgliedern vorschreiben wollte, wie sie mit dem »Brief aus Weimar« umgehen sollten.

Als es in der DDR im Oktober 1989 immer mehr Protestdemonstrationen gab, wurde auch in der CDU die Kritik lauter. Die Mitglieder der Ortsgruppe Niedergebra im Kreis Nordhausen erklärten, dass keine Partei einen »alleinigen Führungsanspruch« habe, weite Teile der Basis sahen die Parteiführung um Gerald Götting als nicht mehr tragbar an. Ich erlebte in der CDU-Zentrale in Berlin eine Veranstaltung, bei der vor allem jüngere Parteimitglieder offen den Aufstand probten und Götting sich unbeholfen zur Wehr setzte. Es wurde ein Sonderparteitag gefordert. Die Union sollte sich personell und programmatisch neu aufstellen. Erst am 12. Oktober, nachdem am Tag zuvor die SED-Spitze anfing, vom »Dialog« zu reden, schwenkte Gerald Götting um und nannte den Brief einen »Anstoß«.

Am 1. November drängte eine Gruppe von Parteimitgliedern, zu denen auch Autoren des Weimarer Briefs gehörten, den Parteivorsitzenden zum Rücktritt. Gerald Götting beugte sich schließlich dem Unmut und gab am 2. November 1989 sein Amt als Parteivorsitzender auf. In den Folgewochen löste sich die CDU aus der Gefolgschaft der SED und artikulierte eigene Ziele. Es kam zum Sonderparteitag, der am 15. und 16. Dezember im Berliner Kino »Kosmos« stattfand. Die knapp 800 Delegierten bestätigten Lothar de Maizière, der noch im November vom alten Hauptausschuss nominiert worden war, als Vorsitzenden der CDU und beschlossen die Abkehr vom Sozialismus. Auf diesem

Sonderparteitag war auch Martin Kirchner zum Generalsekretär der CDU gewählt worden …

Am Morgen nach meinem Ausflug nach Eisenach sitze ich unausgeschlafen im kleinen Kreis mit Lothar de Maizière. »Sie waren in der Nacht mit Ihrem Privatwagen in Eisenach bei Martin Kirchner?«

Ich bin erstaunt, denn ich hatte es niemandem erzählt. »Ich wollte wissen, ob er bei der Stasi war oder nicht.«

Alle halten den Atem an und schauen ungläubig. Sie werten diese Fahrt zuerst als ein persönliches Bedürfnis nach Klarheit. Skepsis ob des Erfolgs der Aktion liegt ebenfalls in den Blicken. Lothar de Maizière fragt nüchtern: »Und, war er? Was hat er gesagt?«

Ich lehne mich erleichtert zurück: »Martin Kirchner war nicht dabei. Das hat er mir versichert.«

Oberkirchenrat Martin Kirchner, 1949 in Weimar geboren, Generalsekretär der DDR-CDU bis August 1990

Das war, wie sich schon bald herausstellen wird, eine Lüge.

Seit 1971 war er eine Top-Quelle des MfS. Er wurde sehr gut bezahlt und berichtete als Mitglied der Leitung der Evangelisch-Lutherischen Kirche in Thüringen und Stellvertreter des Landesbischofs regelmäßig. Geführt wurde er als IM Küster und IM Andreas. Der schwelende Verdacht sollte am 2. August 1990 aufbrechen. Er wurde von seiner Funktion als Generalsekretär entbunden und ging auch seines Volkskammermandats verlustig, das er am 18. März bekommen hatte. Im Jahr darauf würde er auch die CDU verlassen.

Davon aber wissen wir in jenen Tagen noch nichts. Am 6. März 1990 erscheint in der *Jungen Welt*, der auflagenstärksten Tageszeitung der DDR, ein Interview mit Dr. Martin Kirchner, dem »zweiten Mann in der DDR-CDU«. Auf die Fragen von Frank Schumann zum Kurs der CDU antwortet Kirchner: »Wir sind die Partei, die es sich mit ihrer Vergangenheit nicht leicht macht. Wir meinen es ernst, wenn wir sagen, wir brauchen einen Prozess der Buße. Wir stehen zur Schuld der Partei. Für Christen aber gilt: Wenn ich ein Schuldbekenntnis ablege und zur Umkehr bereit bin, dann gibt es auch Versöhnung und Vergebung.«

Im heutigen Wissen würde man meinen, er sprach nicht nur pro domo, sondern vielleicht auch für sich selbst.

Lothar de Maizière fragt mich, ob ich nicht in Vertretung für Martin Kirchner nach Wuppertal fahren könne. Da tage der Evangelische Arbeitskreis (EAK) der

CDU/CSU. Es ist die erste Bundestagung, an der auch Gäste aus der DDR teilnehmen sollen. Die Informationen im Vorfeld sind spärlich. Aber ich erkläre mich bereit, nach Wuppertal zu reisen. Ich soll ein kleines Referat zur »Freiheit eines Christenmenschen« nach Martin Luther halten und anschließend an einer Podiumsdiskussion teilnehmen.

Weder weiß ich, wer mit auf dem Podium diskutieren wird, noch wie das sonstige Programm aussieht. Nachts schreibe ich – denn am Tag ist keine Zeit – und verflechte die theologische Freiheit Martin Luthers mit der neuerworbenen Freiheit durch die friedliche Revolution in der DDR. Am nächsten Morgen setze ich mich in mein Auto und fahre nach Wuppertal. Am frühen Abend treffe ich dort ein. Man erwartet mich bereits. In meiner Vorstellung ging ich von einer kleineren Fachtagung aus. Im Saal sitzen gefühlt tausende Menschen. Ich werde nach vorn geführt und auf dem Podium neben Bundesminister Norbert Blüm platziert – auf dem Platz von Martin Kirchner, der auch im Programmheft angekündigt ist. Zudem sitzt mit am Tisch Christine Lieberknecht, Mitautorin des »Briefes aus Weimar«.

Wir Ossis haben einen Exoten-Status und werden bei allem, was wir sagen, mit Beifall bedacht.

Am nächsten Tag, kurz vor der Schlussveranstaltung, marschiert Helmut Kohl ein. Die Leute springen auf und applaudieren frenetisch. Das erinnert fatal an die Jubelarien für Erich Honecker. Ich bin geschockt. Das auf einer Tagung eines christlichen Arbeitskreises. Als Liedermacher habe ich gegen Personenkult angesungen, ich war auf die Straße gegangen, weil ich eine solche Vergötzung widerlich fand.

Die Ansprache des Kanzlers zielt sehr pointiert auf die deutsche Einheit: »In einem vereinten Deutschland wird der Anteil der evangelischen Christen deutlich höher sein als heute in der Bundesrepublik. Das stellt für die Union eine neue Herausforderung dar. Der evangelische Arbeitskreis ist für die CDU und CSU eine unentbehrliche Brücke zur evangelischen Kirche – wie ich hoffe, demnächst auch zur evangelischen Kirche in der DDR. Es gilt, auch im Hinblick auf die Wiederherstellung der Einheit Deutschlands, das Engagement evangelischer Christen in der Union zu fördern und zu bekräftigen. Hier wächst dem evangelischen Arbeitskreis eine wichtige neue Aufgabe zu.«

Bundesvorsitzender des Evangelischen Arbeitskreises ist seit Kurzem Peter Hintze, ein ehemaliger Pfarrer, der 1983 vom seinerzeitigen Bundesfamilienminister Heiner Geißler zum Bundesbeauftragten für den Zivildienst berufen worden war und es gegenwärtig noch ist. Hintze sollte 1992 Generalsekretär der CDU werden und im Wahlkampf 1994 die Rote-Socken-Kampagne erfinden. Bis zu seinem Tod 2016 hielt ich lockeren Kontakt zu ihm. Jahre später nach unserer ersten Begegnung in Wuppertal gestand er mir, dass er von meinem Beitrag und besonders von meinem Wortwechsel mit Norbert Blüm angetan gewesen sei: »Ihr Ostdeutschen wart ansonsten nicht immer so redegewandt. Der Auftritt war absolut erfrischend. Es war ein Super-Erlebnis.« Er habe davon auch dem Kanzler und de Maizière berichtet.

Möglicherweise war das für meinen weiteren Werdegang nicht ganz ohne Bedeutung.

Mit Hintze habe ich wiederholt über die Verbindung von Theologie und Politik gesprochen. Er hat anders geglaubt als ich. Er hat nach meinem Eindruck nur mit dem Kopf geglaubt, auch wenn die christlichen Werte für ihn Maßstab für die Beurteilung von Politik waren. Ich habe noch Notizen zu einem Gespräch mit ihm über die Mündigkeit der Bürger, die in einer Demokratie die Mächtigen garantieren müssten, so sehr Politiker auch versucht seien, den Bürgern ihren Willen und ihre Ideologie aufzudrücken. Hintze: »Es ist falsch zu denken, nur weil man vom Bürger gewählt ist, könnte man für die Zeit einer Legislatur Despot sein.«

Der Bürger wiederum müsse seine ihm gelassene Freiheit gestalten. Das sei seine Verantwortung.

Auch wenn Hintze vielen Politiker vertrauter Berater war und enormen Einfluss sowohl auf Helmut Kohl und als ihr Staatssekretär auf Angela Merkel hatte, blieb er politisch in der zweiten Reihe. Sein sehr förmliches »Herr Bundeskanzler« erschien mir immer etwas übertrieben, dennoch war er kein serviler Ja-Sager. Seine Logik war brillant, auch den Widerspruch vermochte er überzeugend vorzutragen. Für ihn war es zum Beispiel völlig unlogisch, dass Experimente an Embryonen im Labor verboten, aber Schwangerschaftsabbrüche erlaubt sein sollten. Ein Zellhaufen sei nicht das Gleiche wie ein Kind. »Was retten Sie, wenn es in einem Krankenhaus brennt: den Kühlschrank mit den Reagenzgläsern oder die Kinderabteilung?«

Die Wahl

Ich habe keine Ahnung, wie Wahlkampf geht. Mein Wissen speist sich aus vielen Jahren Westfernseh-Nachrichten, schlauen Büchern und weisen Sprüchen von Beratern. Es gibt sinnige und unsinnige Parolen, die auf Plakate gedruckt werden. In der DDR gab es keinen realen Wahlkampf. Das Ergebnis stand schon vor dem Urnengang fest. Deshalb konnte man sich damals so hohle Sprüche leisten wie »Wählt die Kandidaten der Nationalen Front«. Jetzt herrscht Demokratie, das Ringen um die Gunst der Wählerinnen und Wähler hat für mich etwas Ernstes, Würdevolles und intellektuell Herausforderndes.

Es klingt schwärmerisch, aber das erste Mal im Leben gehöre ich zu einem Wahlkampfteam, und ich bin stolz darauf.

Die CDU setzt den größten Kontrast zu den Phrasen der Vergangenheit. Ihre Slogans heißen zum Beispiel »Keine Experimente«, »Wir sind ein Volk«, »Freiheit statt Sozialismus« oder »Nie wieder Sozialismus«. Ich verstehe nicht, wieso die Ost-SPD im ostdeutschen Wahlkampf den Vorsitzenden der West-CDU Helmut Kohl angreift. Ich empfinde den SPD-Slogan »Der neue Weg« als sehr unpräzise. Das gilt auch für allgemein gehaltene Sprüche wie »Eine neue Wirtschaft, eine neue Politik, eine neue Moral« – alles auf einem Plakat.

»Bündnis ’90«, der Zusammenschluss von Bürgerbewegungen und Oppositionsgruppen, ist mit »Bürger für Bürger« und »Mit uns fing es an« unterwegs. Die PDS will als geläuterte Nachfolgerin der SED mit dem »Erneuerer« Gregor Gysi auf dem Wahlplakat witzig sein, indem sie unter dem Konterfei ihres Spitzenkandidaten den Werbespruch »Seine Waschkraft macht ihn so ergiebig« stehen hat.

Der sogenannte Zentrale Runde Tisch, der sich Ende 1989 als öffentliches Diskussionsforum von Demokratiebewegung und amtlicher Regierung etabliert hatte, hat sich gegen die Einmischung westlicher Parteien und Politiker positioniert. Daran hält sich nur keiner. So sitze ich im Büro zwischen Bergen von Plakaten und Broschüren zum Beispiel über die soziale Marktwirtschaft, den Vorteil von Demokratie und zu offensichtlichen »Umschulungsprogrammen« von DDR-Bürgern zu Bundesbürgern. Diese Bücher sprechen oft nicht unsere Sprache. Sie glänzen wie Messeprospekte über Maschinenbau, die wir wegen ihrer Buntheit als Kinder einmal im Jahr von der Leipziger Messe mit nach Hause gebracht haben. Sie sahen nur schön aus, hatten für uns aber inhaltlich keine Relevanz. Die Wahlkampfbroschüren 1990 sind zumeist von West-Werbeagenturen schnell bearbeitete Neuauflagen irgendwelcher bundesdeutschen Materialien. Man hat den Eindruck, es handelt sich um eine Materialschlacht. Es gibt Aufkleber mit unterschiedlichen Slogans und sogar Nahe-Wein-Flaschen mit dem Etikett »CDU 90 – Zukunft nur gemeinsam – Durchbruch 89«.

Es häufen sich die Anfragen aus den Bezirken und Kreisen nach Werbematerial. Zum einen wird ihnen das Material aus den Händen gerissen, zum anderen werden sie auch kaum beliefert. Uns holt unsere Vergangenheit ein. Wir erfahren, dass die beiden anderen Partnerparteien des Wahlbündnisses »Allianz für Deutschland«, die Deutsche Soziale Union (DSU) und der Demokratische Aufbruch (DA), bevorzugt werden, obwohl die Infrastruktur der Ost-CDU bis in jede Ecke des Landes reicht. Da sind sie wieder, die Vorurteile.

Angeführt wird das Skeptiker-Lager von West-CDU-Generalsekretär Volker Rühe. Er lässt uns seine Abneigung spüren. Bei einem Arbeitstreffen im Haus der Ost-CDU am Platz der Akademie (heute wieder Gendarmenmarkt), an dem auch die Vertreter des DA und der DSU teilnehmen, sitzt mir Rühe direkt gegenüber. Er lehnt sich zurück und hört sich die Bitten der Parteien an. Seine Leute haben Listen dabei. Als wir von der Ost-CDU dran sind und unseren Mangel an Nachschub erläutern, verkündet er, dass es gerecht zugehen müsse und nicht nach Mitgliederzahlen von Parteien.

Er schaut mir dabei überheblich ins Gesicht, macht eine Pause und kaut lächelnd seinen Kaugummi weiter. Er unterscheidet nicht zwischen alten Kadern und neuen Leuten. Das geht mir an die Nieren. Gönnerhaft teilt er die Rationen an Wahlkampfmaterial unter DSU, DA und zum Nachteil der Ost-CDU auf.

Die Haltung von Rühe wird unter uns diskutiert. Er macht auch öffentlich keinen Hehl aus seiner Abneigung zur Ost-CDU. Im Radio sagt er: »Es gibt eine Partei unseres Namens drüben, die aber nicht unsere Schwesterpartei ist.« Uns wird zugetragen, dass er unter Parteivertrauten gesagt haben soll, dass man selbst anfängt zu stinken, wenn man sich neben einen Misthaufen stellt. Das wird uns, wie in Parteien so üblich, genüsslich zugetragen.

Erst als kurz vor der Wahl die Stasi-Tätigkeit des DA-Vorsitzenden Wolfgang Schnur öffentlich wird, werden wir überschwemmt mit Wahlplakaten, Flyern, »Aufklärungs-« und Werbematerial. Nun wird der Ost-CDU mehr Beachtung geschenkt.

Der 18. März rückt näher. Der Palast der Republik wird das Pressezentrum für Journalisten aus aller Welt. Vor dem Gebäude baut sich ein Riesenheer von Übertragungswagen auf. Etwa fünfzig Fernsehstationen installieren vor und im Palast ihre Technik. Die mediale Dimension des Ereignisses wird in den Medien mit der Bedeutung der Mondlandung verglichen. »Der Superlativ, dass weltweit noch nie so viele Ü-Wagen an einer Stelle gestanden hätten, macht die Runde.« (siehe *MDR*-Mediathek)

Der Wahlsieg ist uns nicht vorhergesagt. Die Prognosen sehen die SPD mit Abstand vorn.

Sylvia Schulz und ich ziehen auf einen geheimen Erkundungstrip. Wir haben uns Pläne und Genehmigungen besorgt, uns mit irgendwelchen Verantwortlichen abgesprochen und erkunden den Palast und die Gebäude ringsum. Ziel ist es, auszukundschaften, wie wir am Wahlabend Lothar de Maizière am unauffälligsten in das Pressezentrum und wieder unbeschadet herausbekommen. Wir wälzen Baupläne und entdecken einen unterirdischen Gang, der Palast und Marstall verbindet. Der Tunnel beginnt im Kellergeschoss des Palastes, ist mit dem Fahrstuhl zu erreichen, 2,35 Meter hoch und 2,57 Meter breit und führt unter der Straße lang. Der unterirdische Gang dient den Mitarbeitern der Verwaltung des Palastes als Verbindungsweg zu ihren Büros im Marstall. Vielleicht war er auch als Fluchtweg für die Genossen der SED-Parteispitze gedacht. Als solcher wurde er jedoch nie genutzt, auch nicht in der für Honecker brenzligen Situation am 7. Oktober 1989. Im Marstall war eine Stasi-Einheit stationiert, die den Tunnel und die Vorgänge im und um den Palast der Republik überwachte. Schon zur Kaiserzeit soll es eine Verbindung vom Schloss zu den Pferdeställen ihrer Majestät mit etwa 300 Pferden, mit Kutschen und Schlitten, gegeben haben.

Sylvia Schulz und ich betreten den Tunnel und sind überrascht, wie geräumig, gepflegt und gut beleuchtet das unterirdische Bauwerk ist. Wir fühlen uns sicher und beschließen, diesen Korridor als »Fluchtweg« nach einem eventuellen Besuch im Pressezentrum zu nutzen. Jetzt geht es nur noch um die Frage: Wie kommen wir so unauffällig wie möglich in das Medien-Zentrum, ohne gleich erkannt und von einer Traube von Fernsehteams beim Betreten des Palastes umringt zu werden? Schließlich wollen wir ordentliche Statements in Gesprächsrunden der Nachrichtensendungen abgeben und nicht vorher. Bevorzugt werden natürlich die öffentlich-rechtlichen Programme von drüben. Aber zuerst wollen wir das Fernsehen der DDR bedienen, um deutlich zu zeigen, in welchem Teil Deutschlands und für wen wir uns zur Wahl gestellt haben. Das uns *ARD* und *ZDF* lieber als Erste in ihren Wahlstudios hätten, ehrt uns, aber das Spiel hat Regeln.

Für die Anfahrt vom Haus der Ost-CDU zum Palast haben wir zunächst noch keine Idee. Wir schauen uns die Zufahrten und Eingänge zum Palast der Republik an und favorisieren schließlich den Eingang gegenüber dem Dom. Sylvia Schulz, die eine sehr intelligente und taktisch denkende Frau ist, mutmaßt: »Auch hier an dieser Treppe werden Journalisten sein, und es wird sich sofort herumsprechen, wenn der CDU-Chef von der CDU-Zentrale am Gendarmenmarkt mit seinem bekannten schwarzen Wagen und einem Tross von Begleitern aufbricht zum Palast.«

Mir kommt ein unmöglicher Gedanke: »Wie wäre es denn, wenn wir de Maizière mit einem Auto, das nicht gleich als Regierungswagen auszumachen ist, transportieren würden?«

»Das wäre sicher eine Täuschung bis hin zum Eingang, und die wenigen Meter in den Palast schaffen wir schneller bei diesem Überraschungsangriff.«

»Ich hätte ein solches Auto, brauche nur eine Genehmigung, um vorzufahren und es erst einmal stehen lassen zu können.«

Sylvia Schulz, die eine gewisse Abenteuerlust erfasst hat und die im Organisieren Spitze ist, lacht: »Alles kein Problem mit den Papieren. Und welches Auto nehmen wir?«

»Meins.«

»Deins?«

Ich kreiere einen neuen Witz der ganz schlimmen Sorte: »Mit welchem Auto fährt ein ostdeutscher Wahlsieger im Pressezentrum vor? Mit einem Opel Manta.«

Wir lachen beide vor Begeisterung, da Manta-Witze überall an der Tagesordnung sind. Wir sind uns allerdings noch nicht sicher, ob de Maizière einsteigen wird. Kein Westpolitiker würde jemals bei einem solchem Ereignis in einem Opel Manta vorfahren.

Den Manta hatte ich vor Kurzem gebraucht erworben. Nachdem ich meinen Wartburg verkauft hatte, ist das mein erstes West-Auto, ein toller Wagen, silbrig und mit roten Sitzen.

Sylvia Schulz und ich unterbreiten unseren Plan Lothar de Maizière. Er schaut uns ungläubig an und willigt schließlich mit einem Schmunzeln ein.

Wir besprechen auch weitere Details und entwickeln mehrere Verhaltens-Varianten für den Wahlabend. An einen Wahlsieg glauben nur wenige von uns, und ich habe den Eindruck, Lothar de Maizière wäre auch ein zweiter Platz ganz recht.

Während in den Tagen vor der Wahl de Maizière immer mal von Beratern scherzhafterweise als »Herr Ministerpräsident« angesprochen wird, ist der Nachmittag des 18. März voller ernsthafter Spannung. Wir haben uns in der CDU-Zentrale eingefunden. Von überallher kommen Informationen, aber nicht alle sind brauchbar. Wir freuen uns über die hohe Wahlbeteiligung. Ich bin nur ab und zu in der Runde und zwischendurch in meinem Büro. Als ich gegen 17 Uhr wieder dazustoße, ist die erste Variante der Sprachregelungen völlig abgewählt – wir gehen *nicht* von einer Niederlage aus.

Aber noch rechnen wir damit, dass die SPD als Sieger aus der Wahl hervorgeht. Kurz vor 18 Uhr keimen daran Zweifel. Lothar de Maizière und wir im kleinen Kreis schauen auf den Bildschirm und trauen unseren Augen nicht, als Punkt 18 Uhr die erste Prognose mehr als 40 Prozent für die CDU ausweist. Da heißt es wieder »Herr Ministerpräsident«. Lothar de Maizière will die erste Hochrechnung abwarten und dann erst Statements abgeben. Die Hochrechnung bestätigt die Prognose: Die CDU ist Wahlsieger.

Gegen alle Vereinbarungen tritt der Generalsekretär der CDU-West, Volker Rühe, vor die Presse und verkündet, dass Helmut Kohl die Wahl gewonnen habe.

De Maizière ist wütend.

Das endgültige Ergebnis der Wahlen zur Volkskammer DDR am 18. März ist eindeutig: Wahlsieger ist die CDU, die mit einer Zustimmung von 40,8 Prozent weit vor der SPD mit 21,9 Prozent. Die PDS, die Nachfolgepartei der SED, kommt auf 16,4 Prozent. Alle anderen Parteien sind einstellig.

Betrachtet man die Ergebnisse in den einzelnen Bezirken der DDR, ergibt sich ein sehr differenziertes Bild. Während in Berlin die SPD auf 34,9 Prozent und die PDS auf 30,2 Prozent kommen, landet die Hauptstadt-CDU mit 18,3 Prozent nur auf dem dritten Platz. Auch im Berliner Umland, also im Bezirk Potsdam, liegt die SPD mit 34,4 Prozent vorn, hier allerdings dicht gefolgt von der CDU mit 31,2 Prozent. Hochburg der CDU ist der Bezirk Erfurt mit 56,3 Prozent – mit 18,7 Prozent für die SPD und 9,9 Prozent für die PDS. In den anderen Bezirken liegt die CDU um die 40 Prozent.

Nach der ersten Hochrechnung steigt Lothar de Maizière in meinen Opel Manta, und wir fahren an den Vordereingang des Palastes. Der Wahlsieger hat zwar etwas Mühe auszusteigen, doch der Plan geht auf. Wir werden erst entdeckt, als wir schon im Palast der Republik sind. Hier wird es um so heftiger. Noch während wir Richtung Wahlstudio der *Aktuellen Kamera* laufen, stürzen sich Journalisten auf uns. Jeder will ein Statement haben. Ich gehe etwa einen Meter voraus, da ich den Weg zusammen mit Sylvia Schulz ausgekundschaftet hatte.

Die beiden Berater Hans-Christian Maaß und Fritz Holzwarth sind direkt bei Lothar de Maizière und bekommen das meiste ab. Fritz Holzwarth blutet an der Stirn. Ich habe blaue Flecken am Schienbein als Folge eines Zusammenpralls mit einer Fernsehkamera. Im Fernsehen der DDR reklamiert de Maizière den Wahlsieg für die Ost-CDU, spricht von einer Entscheidung des Volkes für die deutschen Einheit, für die soziale Marktwirtschaft, für Gewaltenteilung und erklärt, so schnell wie möglich Koalitionsverhandlungen beginnen zu wollen.

Mit einigen Blessuren, auch für de Maizière, steigen wir in den ziemlich geräumigen Fahrstuhl, der uns in den Keller bringen soll. Plötzlich stoppt der Fahrstuhl in der ersten Etage und die Tür geht auf. Davor steht Ibrahim Böhme, der Spitzenkandidat der SPD, mit seinem Team, aber der Fahrstuhl ist besetzt. Diese Szene prägt sich mir ein. Der sich bereits als Ministerpräsident wähnende Böhme muss uns den Vortritt lassen. Der Abend ist für ihn und seine SPD ein Desaster.

Wir entschwinden durch den unterirdischen Gang. Im Marstall stehen die Autos, die de Maizière und Entourage ins unweit gelegene »Ahornblatt« bringen, einst als Arbeitergaststätte für die Erbauer des Palastes errichtet. Wir hätten auch laufen können, aber keinesfalls an diesem Abend. »Die Ausstattung ist pompös: Kupferberg Gold Sekt, Schultheiß Bier, Kaffee Hag, Langnese Eis und alles gratis«, alles Marken aus dem Westen, kommentiert eine Reporterin. (siehe *MDR*-Mediathek) Ich komme erst etwas später zur Wahlparty – ich muss noch meinen Manta holen.

Am 5. April 1990 konstituiert sich die Volkskammer im Palast der Republik. Nur drei Prozent der gewählten Abgeordneten gehörten bereits der vorherigen Volkskammer an – wird sind ein Parlament der Neulinge.

Die früheren – ehrenamtlichen – Abgeordneten waren lediglich zwei oder drei Mal im Jahr zu Plenartagungen zusammengerufen worden. Als ich das erste Mal die Büros und den Saal betrete, erzählen mir die neuen Abgeordneten, dass die Stühle zwar weich seien, es aber keine ausreichende Infrastruktur gäbe: »Wir brauchen Räume, Büroausrüstung, Personal und eine Parlamentsverwaltung.«

Was die Professionen der neuen Abgeordneten betrifft, stellen diese selbstironisch fest: »Die Volkskammer besteht zu je einem Drittel aus Ärzten, Anwälten und Theologen.«

Das ist nicht ganz unzutreffend. Es lag wohl vor allem an denen, die während der friedlichen Revolution sehr weit vorn gekämpft hatten – die Kirchen waren die Lernstätten der Demokratie. 64,2 Prozent der neuen Abgeordneten, also fast zwei Drittel, gehören einer christlichen Konfession an. Das steht einer Kirchenbindung der DDR-Bürger von nur dreißig Prozent entgegen und kann auch so gedeutet werden: Große Teile der atheistischen Bevölkerung haben den christlichen Kandidaten einen Vertrauensvorschuss mit auf den Weg gegeben.

Das Parlament der Umbruchszeit weist eine weitere Besonderheit auf: Es ist vor allem jung. Das Durchschnittsalter liegt zu Beginn der Legislatur bei 41,8 Jahren. Das ist ein Rekord in der deutschen Geschichte und auch international einmalig.

Das neue Parlament steht unter einem riesigen Erwartungsdruck und im Fokus der Öffentlichkeit. Die Volkskammerabgeordneten genießen keine hundert Tage Schonfrist, die eng getakteten Sitzungen werden live im Fernsehen übertragen und finden ein sehr interessiertes Publikum.

Für Lothar de Maizière scheint die ganze Welt nur aus Gesetzen, Verordnungen und Regeln zu bestehen. Mit juristischem Eifer geht er auch in die Koalitionsverhandlungen. Die »Allianz für Deutschland« hat zusammen zwar mit 48 Prozent einen enormen Wahlerfolg zu verzeichnen, aber eben nicht die absolute Mehrheit. Von den 400 Abgeordneten gehören 163 der CDU an, 25 der DSU und vier dem DA. Das sind 192 Abgeordnete. Es reicht also nicht, um Gesetzesvorlagen durchzubringen. So ist es unser Glück, dass wir schon mit den Liberalen vor der Wahl besprochen hatten, gemeinsame Sache zu machen. Sie wollen mit ihren 21 Abgeordneten in die Koalition und werden zu Verhandlungen eingeladen. Die einfache Mehrheit ist gesichert.

Lothar de Maizière weiß, und das erklärt er uns Nichtjuristen genüsslich immer wieder mit irgendwelchen konstruierten Beispielen, dass es aber viele Gesetzesvorhaben geben wird, die qualifizierte Mehrheiten erfordern, etwa verfassungsändernde Zweidrittelmehrheiten. Im kleinen Kreis entwirft er ein Szenario, um sich nicht mühsam jedes Mal über die Fraktionsgrenzen hinweg in Einzelgesprächen Mehrheiten zusammensuchen zu müssen. Wir lachen, als ihm der Satz über die Lippen kommt: »Nichts schafft mehr Anhänglichkeit als Ministerposten. Es braucht eine ganz große Koalition.«

Also werden auch die SPD und die Bauernpartei zu Koalitionsverhandlungen eingeladen. Wir einigen uns bei den Verhandlungen darüber, welche Partei welche Ressorts erhält. Der Partei steht es dann zu, diese Posten zu besetzen. De Maizière besteht darauf, dass er ein Vetorecht bekäme. Heftig diskutiert wird die Besetzung des Ressorts »Arbeit und Soziales« durch die Sozialdemokraten. Uns ist klar, dass die SPD dies will, und de Maizière wird es auch nicht verhindern. »Aber«, sagt der Wahlgewinner unentwegt im kleinen Kreis, »es kann nicht sein, dass die SPD Lob und Dank erntet, weil sie soziale Wohltaten verteilt, und andere die Prügel einstecken, weil sie aufs Geld achten müssen. Dann soll die SPD auch das Finanzresort übernehmen.«

Es gibt die verrücktesten Ideen. Ich erlebe, wie vor der Regierungsbildung an de Maizière alle möglichen Ratschläge herangetragen werden, wie radikal unsozial er sein müsse. So wünscht sich Graf Lambsdorff von der FDP im Westen, dass im Zuge der Wiedervereinigung der § 613 a des BGB für mehrere Jahre ausgesetzt werden müsse. Der Paragraf regelt arbeitsrechtliche Konsequenzen beim Betriebsübergang, etwa dass bei Firmenkäufen die Sozialverpflichtungen für die Belegschaft mit übernommen werden müssen. De Maizière ist wütend über dieses Ansinnen der West-Liberalen und lehnt es unter Zuhilfenahme anderer Koalitionspartner ab. Er diskutiert dieses Thema auch mit Gregor Gysi, der ab und zu in de Maizières Büro auftaucht. Die beiden kennen sich als Anwaltskollegen und sind befreundet. Manchmal liegt das Unmögliche in der Luft: Ich fürchte, wenn ich sie so vertraut kontrovers diskutieren höre, ob de Maizière nicht auch noch die PDS in die Koalition holen möchte – was natürlich nicht geht, denn die PDS besteht nicht nur aus Gregor Gysi, sondern aus vielen ehemaligen SED-Genossen, die das alte System verkörpern. Aber wenn de Maizière immer wieder betont, er wäre der Anwalt von sechzehn Millionen DDR-Bürgern, dann sieht er die Gegenseite in der

Bundesregierung und nicht in erster Linie in den Altkadern. Das ist in diesem Moment schon Geschichte. Um es vorwegzunehmen: Das spätere Zerbrechen der Koalition wird Lothar de Maizière – auch wenn er es sich nicht anmerken lässt – stark zusetzen.

Der Keil, der in die Große Koalition getrieben wird, kommt im August 1990 aus dem Westen – in Gestalt von Oskar Lafontaine, seit fünf Jahren SPD-Ministerpräsident im Saarland. Für mehrere Stunden ist er Gast in der SPD-Volkskammerfraktion. Lafontaine bearbeitet die SPD-Abgeordneten dahingehend, dass er ihnen dringend rät, mit Blick auf gesamtdeutsche Wahlen aus der Koalition auszusteigen. Einen Termin für diese gibt es noch nicht, aber er wird wohl der Spitzenkandidat seiner Partei werden.

Die SPD-Abgeordneten kommen aus dem Saal, ich erkenne sie nicht wieder. Es ist wie nach einer Gehirnwäsche. Der vernünftigste und konservativste bleibt Richard Schröder – er gibt den Fraktionsvorsitz an Wolfgang Thierse ab, der voll auf Lafontaines Seite steht.

Ab diesem Zeitpunkt ist die SPD dreigeteilt. Das Schröder-Lager will in der Koalition bleiben, um bis zum Ende der DDR eine geschlossene Verhandlungsbasis zu haben. Die größte Gruppe ist die um Thierse, die den Bruch will. Und dann gibt es noch ein kleines Lager um Ibrahim Böhme, den früheren Ost-SPD-Vorsitzenden. Als seine Stasimitarbeit publik wurde, trat er am 1. April von allen Ämtern zurück. Doch er hatte noch Anhänger.

Ein konkreter Anlass für den Bruch zwischen SPD und CDU findet sich bald. Es ist eine Meinungsverschiedenheit zwischen Finanzminister Romberg und Ministerpräsident de Maizière. Es geht um die Einbindung der ostdeutschen Länder in den Finanzausgleich, der unter den Bundesländern generell erst einmal für vier Jahre ausgesetzt werden soll. Romberg will in einer Regelung festzurren, dass alle Steuereinnahmen des Ostens auch im Osten bleiben. Dafür würde der Osten auf alle Zuschüsse aus dem Westen verzichten.

Würde man ehrenhaft auf jegliche Zuschüsse aus dem Westen verzichten und den Osten nicht in Artikel 7 der Finanzverfassung einbinden, so die Argumentation des Juristen de Maizière, wäre das später schwer rückgängig zu machen. Angesichts der maroden Wirtschaft würden die neuen Bundesländer zudem kaum Einnahmen haben, von denen sie existieren könnten. Es käme neben der prekären Finanzlage also auch zu einem juristisch etablierten Gefälle zwischen Ost und West.

Walter Romberg blieb bei seiner Haltung.

Nach vielen aufgeregten Gesprächen und einer kurzen Bedenkzeit war der Ministerpräsident gezwungen, von seiner Richtlinienkompetenz Gebrauch zu machen und den Finanzminister zu entlassen. Daraufhin verließ die SPD am 19. August die Koalition.

Am 5. April war die Lungenärztin Sabine Bergmann-Pohl (CDU) zur Präsidentin der Volkskammer gewählt worden. Die Befugnisse des Staatsrates – bis dahin kollektives Staatsoberhaupt – waren auf das Präsidium der

Volkskammer übergegangen. Damit ist Bergmann-Pohl zugleich amtierendes Staatsoberhaupt der DDR.

In Deutschland war (und ist) Politik immer noch vorwiegend Männersache. Jedoch gab es bis zum Jahr 1990 erhebliche Unterschiede zwischen beiden deutschen Staaten. Im Bundestag lag der Anteil der Parlamentarierinnen immer unter zehn Prozent – in der DDR-Volkskammer betrug der Frauenanteil unter den Abgeordneten zunächst 23 Prozent und steigerte sich auf 32 Prozent. Das lag daran, dass Frauenorganisationen Vertreterinnen in die Volkskammer schickten. Der hohe Frauenanteil gab dem Parlament der DDR ein weibliches Gesicht, das, so die Hoffnung, nach einer gesamtdeutschen Wahl auch den Bundestag verändern würde. Heute sind 35 Prozent der Abgeordneten weiblich. Das ist Platz 47 in der Welt.

Bergmann-Pohl ist im Leiten von Debatten nicht so erfahren und rhetorisch gewandt wie Vizepräsident Höppner (SPD). Doch sie hat zu Rita Süßmuth, seit 1988 Bundestagspräsidentin und noch länger Vorsitzende der Frauen Union, einen guten Draht. Sie treffen sich und telefonieren miteinander.

Im Kabinett von Lothar de Maizière mit 24 Ministerämtern entsenden die Parteien nur vier Frauen. Kohl wird nach gesamtdeutscher Wahl drei nicht so bedeutende Ministerien mit Frauen besetzen: Familie und Senioren mit Hannelore Rönsch, Frauen und Jugend mit Angela Merkel und Gesundheit mit Gerda Hasselfeldt. Es bleibt also wie vieles andere beim Alten.

Die Neuen

Eckstein hat keinen Vornamen. Selbst die, die per Du mit ihm sind – und das sind fast alle – sagen »Eckstein«. Wolfgang ist ein Kumpeltyp, so einer, mit dem man Pferde stehlen kann. Eckstein hat aber auch etwas Respekteinflößendes und Elegantes an sich. Zudem ist er mit allen organisatorischen Wassern gewaschen, und es gibt weit und breit keinen Menschen, der Eckstein wirklich böse sein könnte. Wenn Eckstein jemanden besonders gut leiden kann, dann rückt er unangenehm dicht an diese Person heran und flüstert ihr seine Neuigkeiten mitten ins Gesicht. Dabei lacht er zuweilen schelmisch. Ab sofort ist Eckstein für die Liegenschaften des Ministerrates zuständig.

Eckstein kommt ganz dicht an mich heran und flüstert mir zu: »Sag mal, wollen wir uns nicht endlich das Ministerratsgebäude ansehen?«.

Ich frage zurück: »Meinst du nicht, dass das noch zu früh ist?«.

Eckstein lässt sich nicht abbringen: »Wir sind doch die neue Regierung, also sollten wir so schnell wie möglich da aufkreuzen.«

Da der Augenblick günstig ist, steigen wir sofort in ein Auto und lassen uns zum Ministerratsgebäude in der Klosterstraße fahren. Der Ministerrat der DDR sitzt seit den sechziger Jahren im Alten Stadthaus in Berlin

Mitte. Das wuchtige Gebäude mit seinem achtzig Meter hohen Turm hat schon mehrere Ministerpräsidenten der DDR beherbergt. Hier arbeiteten Otto Grotewohl, Willi Stoph und Hans Modrow. Nun soll Lothar de Maizière mit seinem Stab einziehen. Ich habe natürlich keine Ahnung, welches Büro mir zugedacht sein wird. Eckstein wäre nicht Eckstein, hätte er nicht sofort einen Plan in den Händen. Er entfaltet noch im Auto das Papier und zeigt auf ein großes Eckzimmer im gleichen Flur mit dem Ministerpräsidenten, nur am anderen Ende des Ganges. »Das ist deins.«

Unser Wagen fährt vor den Eingang Stralauer Straße. Ich steige als Erster aus. Eckstein folgt mir. Wir nehmen Stufe um Stufe Richtung Eingang. Da stehen drei Uniformierte an der Tür. Zielgerichtet, mutig und ohne Wissen gehe ich auf die Bewacher zu. Ich kann weder Dienstgrad noch Zugehörigkeit zu einer Einheit ausmachen. Ich habe nicht gedient. Ich habe Zweifel, ob sie erkennen, wer wir sind und uns überhaupt reinlassen. Als ich vor ihnen stehe, geschieht etwas für mich Unfassbares – mir wird salutiert. Der Diensthabende schlägt vor mir die Hacken zusammen, steht stramm und macht Meldung: »Herr Staatssekretär, keine besonderen Vorkommnisse.«

Ich sage: »Guten Tag.«

Die drei stehen immer noch stramm. Was soll ich darauf antworten, damit sie wieder locker werden? Auch Eckstein, der im Sicherheitsabstand seitlich hinter mir steht, fällt nichts ein. Mir hat es die Sprache verschlagen. Als es anfängt peinlich zu werden, reagiere ich intuitiv, ohne zu wissen, ob das richtig ist: »Rührt euch.«

Mit einem Schlag entspannen sich die Wachleute und blicken mich erwartungsvoll an. Sie warten auf Weisungen. Es dauert etwas, bis ich kapiere. Also treffe ich die erste schwerwiegende ordnungspolitische Entscheidung meines Lebens: »Ab morgen kommen Sie bitte im Anzug und sagen einfach ›Guten Tag‹.«

Eckstein staunt. Auch ich staune über mich selbst. Dann verschwinden wir in den breiten hohen Gängen des Alten Stadthauses.

In der Parteizentrale berichte ich später Lothar de Maizière von der Begegnung. Er lacht und fragt: »Wie haben die Wächter reagiert?«

»Sie werden morgen in Zivil kommen und ›Guten Tag‹ sagen«, behaupte ich.

Es bewahrheitet sich. Sie sind entspannt und grüßen mit »Guten Tag«. Wo die Wachleute so schnell ihre dunklen Anzüge herhaben, kann ich nicht sagen.

In den Tagen nach dem Wahlsieg liegen im Büro des CDU-Parteivorsitzenden überall Pläne auf den Tischen. Es wird der Aufbau des Amtes des Ministerpräsidenten entworfen. Die Anregungen dazu kommen aus dem Kanzleramt der Bundesrepublik. Hans Reckers ist aus Bonn angereist. Dort ist er als Unterabteilungsleiter für Personal zuständig. Ein Jahr älter als ich, erläutert er – über die riesigen Funktionspläne gebeugt – mit Sachverstand und Begeisterung, wie wir effektiv mit wenig Personal eine Struktur aufbauen können, die uns auch Bonn gegenüber verhandlungsfähig macht. Es wird uns geraten, neben dem engen Mitarbeiterstab des Ministerpräsidenten bei diesem die wichtigsten Ministerien noch einmal »zu spiegeln«. Das sei wichtig, da in der übergroßen Koalition Minister aus anderen Parteien kommen. Zudem gehöre ungefiltertes Fachwissen sofort auf den Tisch von de Maizière, wenn er es brauche. Der MP hegt ein sehr gesundes Misstrauen sowohl gegenüber Vertretern anderer Parteien als auch gegenüber Parteifreunden. Das reicht bis in die Details. Und Lothar de Maizière kann zuweilen sehr detailversessen sein.

Im Ministerrat der DDR mit seinen Außenstellen sind etwa viereinhalbtausend Personen beschäftigt. Diese bangen nach der Volkskammerwahl um ihre Jobs. Uns ist deren Verunsicherung bewusst. Lothar de Maizière will deshalb unbedingt eine Versammlung der Beschäftigten des Ministerrates einberufen. Zuständig für die organisatorischen und personellen Abläufe ist Staatssekretär Lothar Moritz. Der promovierte Landwirt verfügt über jahrelange politische Erfahrungen. Er war seit 1982 Bezirksvorsitzender der CDU in Schwerin; nach Konstituierung des Landes Mecklenburg-Vorpommern wird er Landesgeschäftsführer der Partei. Der sehr besonnene Moritz fragt mich: »Was machen wir, wenn etwas aus der geplanten Betriebsversammlung an die Öffentlichkeit dringt?«

Die Angst vor Öffentlichkeit begegnet mir immer wieder, besonders bei jenen, die schon länger politisch in der DDR unterwegs sind. Ich erkläre ihm, dass wir gerade mehr Transparenz zeigen sollten, als man das in einer Betriebsversammlung im Kanzleramt der Bundesrepublik machen würde. »Alle Welt erwartet einen Unterschied zum alten System. Also laden wir gezielt Presse ein.« Zu seiner Sicherheit gibt er mir zu verstehen, dass ich mich darum kümmern solle. »Damit habe ich nichts tun.« Ich bestätige und gehe mit ihm den Ablauf der Versammlung durch.

Im Großen Bärensaal versammeln sich schließlich etwa siebenhundert Beschäftigte und warten insbesondere auf die Rede von Lothar de Maizière an sein Haus. Spannung liegt in der Luft. Teils hochqualifizierte Fachleute, die bislang unter anderen Prämissen gedient haben, hoffen, dass es für sie irgendwie weitergeht. Da wir jeden brauchen und sich lediglich die Strukturen und Arbeitsabläufe ändern sollen, geht ein Aufatmen durch die Belegschaft, als der Ministerpräsident erklärt: »Vertrauen ist immer ein Wagnis. Ich gehe dieses Wagnis ein und gebe Ihnen mein Vertrauen. Aber wer meint, nicht mit mir arbeiten zu *können*, für den werden wir eine sozial verträgliche Lösung finden. Von allen, die bleiben wollen, erwarte ich Fleiß, Loyalität und Kompetenz.«

Dann fangen wir an umzustrukturieren. Selbst in dieser Phase haben wir die Belegschaft auf unserer Seite.

Mein Arbeitsalltag ist kein Alltag. Jeder Tag ist voller Überraschungen. Die Termine sind eng an die des Ministerpräsidenten gebunden. Der eigene Kalender ist zudem gefüllt mit Besprechungen, Kabinettssitzungen, Staatssekretärsrunden, Verhandlungsgesprächen, Telefonaten, Interviews, Hintergrundgesprächen, Pressekonferenzen, Talkrunden und repräsentativen Aufgaben. Alles ist durchgetaktet. Der Einstieg am Morgen jedoch ist in etwa gleich. Frühmorgens um acht lädt der Ministerpräsident zur Kleinen Lage. Zum sogenannten Küchenkabinett gehören die Büroleiterin Sylvia Schulz, der Minister im Amt des Ministerpräsidenten Klaus Reichenbach, der Berater Fritz Holzwarth, Staatssekretär Günther Krause und ich. Zuweilen wird auch der Abteilungsleiter Außenpolitik Thilo Steinbach hinzugezogen.

Meine Aufgabe als Regierungssprecher ist es, einen Überblick über die Medienberichte vom Vortag und vom Tage zu geben, sie einzuschätzen und Handlungsempfehlungen abzuleiten. Bin ich nicht da, was selten passiert, nimmt meine Stellvertreterin an der Lagesitzung teil. In der Regel tauschen wir uns dann über die Ergebnisse aus. Zur Vorbereitung der Lage bin ich oft schon um sechs, spätestens jedoch um sieben im Büro und checke alle zur Verfügung stehenden Unterlagen. Auf meinem Tisch liegen die Berichte des Innen- und des Außenministeriums, zuweilen besondere Ausarbeitungen sowie der Lagebericht aus den Bezirken der DDR. Hinzu kommt der Pressespiegel des Regierungssprechers. Das Material ist faszinierend und klar aufbereitet. Die Berichte müssen schon im alten SED-Regime so professionell ausgearbeitet und vorgelegt worden sein. Das kann man nicht von heute auf morgen lernen. Das gilt insbesondere für den Bericht über die Lage in den Bezirken.

Ich bin eingeladen zum Antrittsbesuch im Bundespresseamt in Bonn und werde empfangen von einem sehr höflichen Beamten, der mir schwungvoll die Tür des

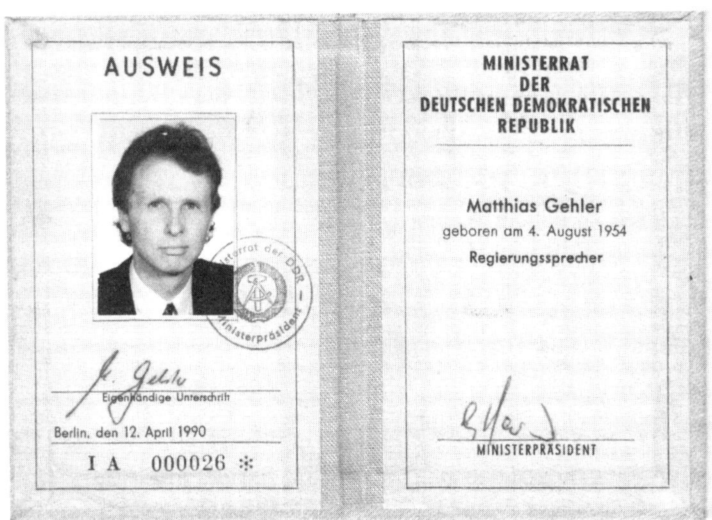

Dienstausweis des Staatssekretärs Gehler

Wagens öffnet. Seine ersten Worte in halb gebeugter Haltung sind: »Mein Name ist Obländer, herzlich willkommen, Herr Staatssekretär.« Die Szene hat etwas Kabarettistisches an sich. Doch ich realisiere, dass das hier alles sehr ernst gemeint ist, und da ich nicht weiß, welche Funktion er hat, antworte ich sehr allgemein mit »Guten Tag, Herr Obländer, vielen Dank für die Einladung«.

Manfred H. Obländer erweist sich als ein sehr kenntnisreicher und zuverlässiger Organisator, den ich jederzeit in Bonn anrufen kann, wenn es um die Ebene unterhalb des Regierungssprechers geht. Obländer liefert immer eine Antwort.

Auch unser Medienminister Gottfried Müller, der in der DDR die Zeitungs- und Rundfunklandschaft neu ordnen soll, wird begrüßt. Sein Ministerium arbeitet ausgerechnet in jenem Gebäude, in dem während der Nazizeit Propagandaminister Joseph Goebbels residierte. (In den neunziger Jahren sollte in das Haus an der wieder zurückbenannten Wilhelmstraße das Bundesministerium für Arbeit und Soziales einziehen.)

Nach der Begrüßung führen uns Obländer und weitere Beamte durch das Gebäude. Ich habe mich vorbereitet und weiß über die Aufgaben des Bundespresseamtes Bescheid. Dort integriert sind, anders als in meinem Amt, auch langfristige Publikationen und Periodika. Von hier aus werden nicht nur die Bürger, Medien und die Regierung mit Informationen versorgt, sondern auch der Bundespräsident. Im Bundespresseamt sollen laut meinen Unterlagen knapp 750 Leute arbeiten, wir haben nur ein Fünftel davon. Man zeigt uns das Lagezentrum und auf welche Weise Informationen aus aller Welt hier einlaufen und aufbereitet werden. Da wir in der DDR gerade dabei sind, uns ähnlich aufzustellen, sind wir sehr schnell im Gespräch über Synergieeffekte und neue Technik.

Ich treffe den Regierungssprecher von Helmut Kohl. Johnny Klein ist Minister und Chef des Bundespresseamtes. Nach kurzer Zeit schickt er mit einer Handbewegung alle anderen aus dem Zimmer und deutet an, dass er jetzt mit mir unter vier Augen reden wolle. Der Raum ist wesentlich bequemer eingerichtet als mein Büro. Das Markenzeichen des Endfünfzigers sind Fliege, Anzug, gepflegter Bart und Manschettenknöpfe. Er lehnt sich zurück. »Ich heiße Hans, aber du kannst auch Johnny zu mir sagen. Viele nennen mich so.«

Ich sage: »Matthias« und schwanke, ob ich jetzt Hans oder Johnny sagen soll.

»Ich komme aus Bayern.«

Ich nicke lächelnd, denn das hört man.

»Ich war von ’87 bis ’89 Bundesentwicklungsminister, dann hat mich der Bundeskanzler gebeten das Presse- und Informationsamt zu übernehmen und es zu modernisieren. Minister bin ich geblieben.«

»Friedhelm Ost war dein Vorgänger?«

»Ja, der Kanzler hat ihm was anderes angeboten. Ost ist ein guter Wirtschaftler. Der Bundeskanzler hat vor einem Jahr sein Kabinett neu aufgestellt und will neuen Schwung in den Apparat bringen.«

Klein mustert mich. Ich nicke, als regelmäßiger Tagesschaugucker bin ich im Bilde. Kohl stand damals unter innerparteilicher Kritik und unter Beschuss seiner Schwesterpartei aus Bayern. Mit der Berufung Theo Waigels zum Finanzminister und Kleins als Regierungssprecher, noch dazu im Ministerrang, wollte er die CSU beruhigen. Klein erzählt mir in sehr knapper Form, dass er aus dem Sudetenland stamme, in England studiert und bei der *Heidenheimer Zeitung* und beim *Hamburger Abendblatt* als Journalist gearbeitet habe. Mitte der Sechziger sei er in der Presseabteilung von Kanzler Ludwig Erhard tätig gewesen, habe auch als Presseattaché in mehreren deutschen Botschaften gedient und war Pressechef der Olympischen Spiele 1972 in München …

Das klingt alles bedeutend.

Zur Vorbereitung des Bonn-Besuchs hatte man mir einen kritischen *Spiegel*-Artikel vom 14. Januar 1990 mit in meine Mappe gelegt. Darin wurde Johnny Klein Fleiß bescheinigt, aber auch Erfolglosigkeit bei der

Umgestaltung des Bundespresseamtes. »Nicht anders als unter Kleins CDU-Vorgänger, dem gescheiterten Friedhelm Ost, verpulvern die 700 Beschäftigten des Bundespresse- und Informationsamtes (BPA) Jahr für Jahr über 200 Millionen Mark – und niemand sieht so recht, wofür.« In dem Artikel war davon die Rede, Gutachter des Bundesrechnungshofes hätten herausgefunden, dass zwölf der 47 Referate im BPA gestrichen werden könnten. Tatsächlich waren nur fünf aufgelöst worden.

Ich nutze die Zweisamkeit und frage direkt nach den Umstrukturierungen, ohne auf den *Spiegel* Bezug zu nehmen. Klein gibt unumwunden zu: »Das läuft etwas schleppend. Natürlich hocken hier zu viele Leute rum. Hier kannst du die Hälfte rausschmeißen, und es ist fast egal welche Hälfte.« Dann tröstet er sich und mich, den Ostdeutschen: »In den nächsten Jahren gehen wir auf die Wiedervereinigung zu, da gewinnen wir Zeit für die Umstrukturierungen. Wir brauchen erst einmal jeden, weil sich alles ändert. Wir müssen sehen, wie es weitergeht.« Mir wird bewusst, dass die Wiedervereinigung für einige Bonner Beamte *die* Rettung zu sein scheint.

Mit Hans werde ich mich gut verstehen, wir finden einen kurzen Draht zueinander. Ich merke aber, dass er zuweilen auch nur mutmaßt. Er leidet unter dem großen Apparat, der ihm den Zugang zum Kanzler schwerer macht. Ich kenne das in Bezug zu de Maizière nicht. Ich habe jederzeit Zugang. Wir sind als kleines Kollektiv aufeinander angewiesen. Ich begreife das als Vorteil unseres noch nicht etablierten Systems. In Bonn ist das anders. Der *Spiegel*-Artikel wies sehr berechtigt auf ein großes

Problem hin. Während wir uns im Regierungsapparat der DDR um Transparenz bemühen, wird in Bonn mit dem Zurückhalten von Informationen und ihrer gezielten Weitergabe Politik gemacht. Der *Spiegel* kritisierte treffend: »Klein und sein Abteilungsleiter Inland, Wolfgang Bergsdorf (CDU), sind zu des Kanzlers täglicher Frühstücksrunde (Kanzleramtsjargon: ›Firma Essen und Trinken‹) zugelassen. Die kleinen Neuigkeiten aber, die sie bei Hofe gelegentlich aufschnappen, geben sie nicht weiter. Dafür ist keine Zeit. Selbst die stellvertretenden Regierungssprecher sind oft nicht im Bilde. In ihrer Not zapfen sie alte Kontakte an – in der CSU-Landesgruppe der eine, im FDP-geführten Wirtschaftsressort der andere. Ihre letzte Hoffnung ist oft Kohl-Intimus Eduard Ackermann, ›da kommt ja wenigstens was raus‹. Bei den meisten übrigen Referenten und Abteilungsleitern im Kanzleramt dagegen ist jede Nachfrage zwecklos. So ist es nicht verwunderlich, dass die Mannschaft im Propa-

Kohls Regierungssprecher Johnny Klein (M.), Gehler links

gandaamt genauso frustriert und lustlos vor sich hin werkelt wie zuvor unter Ost. Viele müsse man ›zum Jagen tragen‹, klagt Klein-Helfer Obländer.«

Es existiert im Bundeskanzleramt, als Gegenpol zum Presseamt, noch die sogenannte Abteilung 5, gesellschaftliche und politische Analysen, Kommunikation und Öffentlichkeitsarbeit, seit 1982 geleitet von Eduard Ackermann. »Ede« – wie ihn alle nennen – lerne ich ebenfalls gut kennen. Selbst er, dem ich häufiger als Johnny Klein bei Treffen mit dem Kanzler begegnen werde, bestätigte: »Alle Regierenden in Bonn taten sich gelegentlich schwer, ihre Sprecher zu informieren, die ihre Aufgabe nur gut erfüllen können, wenn sie möglichst viel wissen – nicht um alles auszuplaudern, sondern um rechtzeitig falsche Meldungen zu korrigieren und zu überraschenden Fragen korrekt Stellung zu nehmen. Ich selbst habe

Gespräch beim Kanzler. Von links: Bundesinnenminister Schäuble, DDR-Medienminister Müller, Helmut Kohl, Regierungssprecher Gehler (DDR) und Klein (BRD)

auch oft unter diesem Umstand gelitten, auch wenn alle Welt glaubte, ich sei immer gut informiert gewesen.« (*siehe Eduard Ackermann, Mit feinem Gehör, S. 292*)

Medienminister Müller und ich haben noch einen Termin im Bundeskanzleramt. Wir werden von Helmut Kohl und Bundesinnenmister Wolfgang Schäuble empfangen. Der Bundeskanzler nimmt mich zur Seite. Er will Persönliches wissen und fragt, wie ich mit den »Beamten in Ostberlin« zurechtkäme, ob sie Widerstand leisteten und wie die Umstrukturierungen liefen. Auch Kohl denkt in größeren Zeiträumen.

Ich kenne einen Russen und vertraue ihm. Er ist ein enger Freund der Familie. Nach seinem Studium in Leningrad war er in die DDR übergesiedelt. Als Student mit Studienfach Tschechisch hatte er sich wegen seiner Sympathie für den »Prager Frühling« unbeliebt gemacht, was seiner Übersiedlung in die DDR eher förderlich war, so meint er. Mischa Issupow arbeitet als Dolmetscher und als Referent für internationale Zusammenarbeit bei einer Unterorganisation des Rates für Gegenseitige Wirtschaftshilfe. Der RGW ist das Wirtschaftsbündnis der sozialistischen Staaten und aktuell in Auflösung begriffen. Ziel des RGW war es, einen eigenen sozialistischen »Weltmarkt« zu schaffen. Da ich in der »Politischen Abteilung« des Regierungssprechers unbedingt jemanden brauche, der perfekt russisch spricht, zwischen den Zeilen lesen kann, diplomatische Erfahrungen besitzt und mit dem ich wirtschaftspolitische Strategien besprechen kann, die den Osten angehen, treffe ich mich mit Issupow. Ich komme sofort zur Sache: »Mischa, hast du Lust, was Neues zu machen?«

Er schaut mich an. »Beruflich?«

Ich beschreibe ihm seine Aufgaben. »Mit deinem Wissen über den Ostblock sollst du Presseartikel übersetzen und auswerten, wirtschaftliche und politische Lageeinschätzungen geben, Pressekonferenzen und Auslandsreisen in den Osten mit vorbereiten und vieles mehr.«

Wir unterhalten uns über die Konditionen. Ohne groß zu überlegen, willigt er ein. Was ihm allerdings nicht allzu schwerfällt, denn sein Arbeitsplatz ist in Gefahr. Noch im April 1990 fängt er in der etwa aus zehn Personen bestehenden Politischen Abteilung des Regierungssprechers an. Er erledigt alle Aufgaben, die ihm übertragen werden, mit großer Sorgfalt und Loyalität. Angela Merkel wird seine unmittelbare Chefin und teilt sich mit ihm ein Büro.

Mischas Erfahrungen als Dolmetscher und sein progressives politisches Denken sind uns behilflich bei der Vorbereitung der Vier-plus-Zwei-Gespräche. Issupow fliegt mit dem Ministerpräsidenten nach Moskau zu Vorgesprächen zur Auflösung des Warschauer Vertrages.

Später würde er mich knallhart an ein Gespräch in meinem Büro erinnern, in dem es darum gegangen war, was wir nach der Wiedervereinigung machen würden.

»Du hast gesagt, du bleibst nicht in der Politik. Politik ist ein schmutziges Geschäft.«

Die Berater

»Darf ich mich vorstellen – Hans-Christian Maaß«, sagt er im feinsten Berlinerisch und strahlt dabei. »Ich habe mich bei Lothar de Maizière als Berater für Kommunikation angeboten, und er hat mir gesagt, ich soll mich beim Regierungssprecher melden. Der solle schauen, ob wir miteinander auskämen.«

Lothar de Maizière hatte mir von einem Berater erzählt, der sich mir vorstellen werde. Ich erinnere mich.

Der junge Mann, vier Jahre älter als ich, war mir sofort sympathisch. Er nimmt sich, ohne zu fragen, einen Stuhl, stellt ihn in die Mitte des Büros und fängt an zu erzählen, wieso er hier sei. Dabei reibt er sich begeistert die Hände oder gestikuliert ausladend. Das, was er über sich erzählt, überzeugt. »Ich wurde 1974 aus der DDR freigekauft, habe dann sechs Jahre lang eine Bildungseinrichtung in der Lüneburger Heide geleitet, war danach Sprecher des Bundesverkehrsministers und im Anschluss beim Bundesentwicklungshilfeminister Wanke.«

Eines frühen Morgens sitzt Hans-Christian Maaß vor mir und lacht mich an. »Stell dir vor, was mir soeben passiert ist: Ich habe einen Räucheraal geschenkt bekommen«.

Ich frage ungläubig: »Einen Räucheraal?«

Maaß freut sich über mein überraschtes Gesicht. »Mein ganzes Zimmer riecht nach Fisch.«

»Und von wem hast du ihn bekommen.«

»Von Herrn Lehmann, der bei uns den Pressespiegel betreut.«

Hans-Christian Maaß, der die Struktur des Regierungssprecheramtes modernisieren soll, hat auch den Pressespiegel verändert. Nicht nur das Deckblatt ist mit schwarz-rot-goldenem Logo – ohne Hammer, Sichel und Ährenkranz – versehen, auch der Inhalt ist sorgfältig aufbereitet. Neben den DDR-Zeitungen und der bundesdeutschen Presse sind auch die internationalen Medien berücksichtigt. Maaß sorgt dafür, dass unser Informationsblatt nicht nur dem Ministerpräsidenten und dessen Stab, sondern auch dem Bundeskanzler an jedem Morgen vorliegt. Der Vorzug gegenüber Bonner Informationen besteht für den Kanzler darin, dass er auch Themen aus dem Osten in DDR-Zeitungen erhält. Maaß ist ein Westberater, der in unserem Sinne denkt und immer darauf bedacht ist, den Wettbewerb mit Bonn zu gewinnen.

Maaß rückt sich seinen Stuhl zurecht und erzählt weiter über den Fisch: »Der Lehmann kam zu mir und wollte das Original des Pressespiegels genehmigen lassen, damit er ihn vervielfältigen könne.«

»Und du hast deine Unterschrift drunter gesetzt.«

»Nein!«

»Nein?«

»Ich habe ihn weggeschickt. Erstens wolle ich das Ding nicht an jeden Morgen genehmigen, weil es zweitens in seine Zuständigkeit fällt.«

»Sehr gut. Meine Hand für mein Produkt. Ich kapiere. Er soll für den Pressespiegel geradestehen.«

Maaß hat Freude daran, Lehmann umzuerziehen. Ich frage nach. »Und was hat das mit Räucheraal zu tun?«

Maaß reibt sich die Hände, beugt sich auf seinem Stuhl nach vorn. »Der Lehmann hat die ganze Nacht mit seiner Frau diskutiert über das, was ihm widerfahren ist. Er sei vierzig Jahre lang treuer Genosse seiner Partei gewesen. Dass aber ausgerechnet ein Mensch, der in der DDR im Gefängnis saß, ihm sichtlich mehr vertraue als seine Genossen, habe ihn sehr berührt.«

»Und deshalb der Aal?«

»Ja. Er hat mir einen Aal geschenkt – und ich habe ihn angenommen.«

Räucheraal ist in der DDR sogenannte Bückware, also etwas, das es nur unterm Ladentisch und mit Beziehungen gab. Lehmann setzte darauf, dass der ehemalige Ostdeutsche Maaß wusste, welchen hohen Wert ein Aal darstellte. Und damit lag er richtig!

Hans-Christian Maaß berät mich bei der Vorbereitung meiner allerersten Pressekonferenz im Internationalen Pressezentrum in der Mohrenstraße. Im IPZ hatte Günter Schabowski am 9. November 1989, vor einem halben Jahr, die Mitteilung über die neuen Reiseregelungen der DDR verlesen, was unbeabsichtigt wenig später zur spontanen Öffnung der Grenzübergänge geführt hatte.

Ich bespreche mit Maaß den Ablauf und formuliere meine Intention: »Wichtig ist, dass wir uns mit Transparenz und Offenheit von der jahrelangen Praxis der Verschleierung des alten Systems absetzen. Wie bekommen wir das am besten hin?«

Bisher hatte mein Vorgänger Wolfgang Meyer immer bestimmt, wer fragen durfte, im Übrigen war das auch in den USA und anderswo gang und gäbe. Maaß riet: »Lass dich moderieren, wie das bei der Bundespressekonferenz in Bonn geschieht. Die PK leitet ein Vertreter des Vereins Bundespressekonferenz e.V. (BPK).«

So viel weiß ich schon, dass man allerdings dem Verein angehören muss, um überhaupt an der Pressekonferenz teilnehmen zu können. Maaß wittert die Gelegenheit, »einen Pressekonferenz Hauptstadt Berlin e.V.« zu gründen. »Dann haben wir den Bonnern eine eigene Institution entgegenzusetzen.«

Wir erheitern uns an diesem Gedanken. Maaß ist entzückt, reibt sich die Hände und auch ich weiß, dass das ein Schachzug ist, den die Bonner schwer verwinden werden, wenn wir »Berlin« und »Hauptstadt« im Namen etablieren. Die BPK führt weder den Namen ihrer Stadt noch Hauptstadt in ihrer Institution. Wir dagegen können auf diese Weise einen ersten Pflock bei Journalisten einschlagen. Für uns Ostdeutsche ist doch mehrheitlich klar, dass Berlin schon immer Hauptstadt war und es auch in einem wiedervereinten Deutschland sein wird.

Unser Plan geht auf, die erste Pressekonferenz wird ein Erfolg. Ich kann aufatmen. Der *Allgemeine Deutsche Nachrichtendienst* (ADN), die Nachrichtenagentur der DDR, berichtet überaus wohlwollend: »Dem ersten Auftritt des Sprechers der Regierung de Maizière im Rang eines Staatssekretärs, Matthias Gehler, am Mittwochnachmittag im Berliner Pressezentrum galt in Kreisen der in- und ausländischen Berichterstatter erwartungsgemäß großes Interesse. Gehler, selbst erfahren in journalistischer Arbeit als ehemaliger Redakteur bei der CDU-Zeitung *Neue Zeit*, machte nach Meinung vieler Beobachter in seiner neuen Rolle durchaus eine gute Figur. Er gab sich wortgewandt und souverän im Reagieren auf Anfragen und hatte somit ein vielversprechendes Debüt. Als Grundsatz seiner Arbeit und des Teams der Sprecher der einzelnen Ministerien bezeichnete es Gehler, ›so schnell, umfassend und unkompliziert wie möglich zu informieren‹.

Er räumte ein, dass es dabei durchaus auch Anlaufschwierigkeiten und kleine Pannen geben könne. Man sei noch im Aufbau begriffen. Im Verlauf der Pressekonferenz zeigte sich dann auch, dass es noch ›Kommunikationsschwierigkeiten‹ mit der noch nicht kompletten ›Mannschaft‹ der Pressesprecher der Fachministerien gab. Bei Fragen, die Gehler nicht selbst sofort beantworten konnte, wirkte der […] 35-jährige Journalist und studierte Theologe moderat und verbindlich. Klug Regie führend, auch mit Sinn für Humor, verstand er es, die um ihn gruppierten Fachleute in die kompetente Beantwortung der Fragen einzubeziehen.«

Tatsächlich sind sich einige Minister noch nicht sicher, wie sie die Pressestellen in den Ministerien besetzen. Einige Ministeriumssprecher, die an dieser PK teilnahmen, werden in den nächsten Tagen ersetzt. Das ist allerdings bei Ministerwechseln üblich.

Die beiden Autoren der *ADN*-Meldung, Sabine Quellmalz und Michael Klauß, schreiben weiter: »Die Pressekonferenz solle zu einer ständigen Einrichtung werden, um den Journalisten – und damit der Öffentlichkeit – Informationen über die jeden Mittwoch stattfindenden Kabinettssitzungen zu geben, sagte der Regierungssprecher.«

Die DDR-Nachrichtenagentur berichtet zudem über das neue Format der Pressekonferenz: »Neu war auch der Rahmen, in dem sich das konzentrierte Frage-Antwort-Spiel vollzog. Die Runde firmiert ab sofort unter ›Pressekonferenz Hauptstadt Berlin e.V.‹. Diese versteht sich als eine eingetragene Vereinigung von Korrespondenten und Journalisten. Zweck sei es, Pressekonferenzen zu veranstalten, ›um kompetenten Vertretern von Regierung und Parlament die Möglichkeit zu geben, ihre Arbeit für die Öffentlichkeit transparenter zu machen‹. Darüber informierte die *Berliner Rundfunk*-Journalistin Annerose Srocke als erste Moderatorin dieser Runde. Initiator der sich in Gründung befindlichen Vereinigung ist der DDR-Journalistenverband. Die Pressekonferenzen sollen weiter im Rotationsprinzip von im Gründungsausschuss vertretenen Journalisten geleitet werden.«

Hans-Christian Maaß hatte – wie besprochen – hinter den Kulissen alles in die Wege geleitet.

Es sind nicht nur die Erlebnisse mit Beratern, die deutlich machen, dass hier Menschen mit unterschiedlicher Sozialisierung, mit unterschiedlichen finanziellen Möglichkeiten und Vorstellungen, Vertreter aus einem gegensätzlichen Beamten- und einem Politikapparat zusammentreffen. Es sind zwei Welten, die aufeinanderprallen. Zum Beispiel: Ich fahre mit einem Minister aus Bonn in einem Wagen durch Berlin. Klein und ich

Pressekonferenz im IPZ mit MP de Maizière, Gehler links außen, seine Stellvertreterin Angela Merkel rechts außen. Bis Mitte der siebziger Jahre befand sich im Haus in der Mohrenstraße 37 die Redaktion der Jungen Welt, *heute arbeitet dort das Bundesministerium der Justiz*

sitzen auf der Rückbank. Er schwenkt in ein privates Gespräch über, weil wir eigentlich gut miteinander können und das Ganze schon etwas Freundschaftliches hat. Ich muss jedoch bei jedem Thema passen.

»Wo steht eigentlich dein Haus? Hast du hier in Berlin nur eine Wohnung, oder lebst du ganz hier?«

»Ich habe kein Haus und habe bis vor Kurzem in einer Zweizimmerwohnung in der Schreinerstraße in Berlin-Friedrichshain gelebt. Die Wohnung hatte ich ursprünglich besetzt, und sie hatte kein Bad.«

»Und wo hast du dir jetzt eine Wohnung zugelegt?«, insistiert der Bundesminister.

»Als ich Regierungssprecher wurde, hat die *Bild am Sonntag* von meiner misslichen Wohnsituation Wind bekommen und darüber auf einer ganzen Seite berichtet, sowie Bilder aus meiner Wohnung gezeigt. Das hat geholfen. Nun wohne ich zur Miete in der Wilhelmstraße. Allerdings hätte ich zur Not auch so weitergewohnt.«

»Und wer macht den Haushalt?«

»Wir selbst.«

»Du bist ja Tag und Nacht unterwegs …«

»Naja, so groß ist die Wohnung nun auch nicht.«

»Und wer kauft ein?«

Das ist eine wichtige Frage, da ich derzeit fast nur zum Schlafen zu Hause bin. »Meine Frau kauft ein«, sage ich und habe den spärlich gefüllten Kühlschrank vor Augen. Das hatte mich aber bisher auch nicht gestört. In der Rückschau erinnere ich mich: Ein einziges Mal nur war ich als Regierungssprecher einkaufen. Die Menschen standen wie eine Traube um mich herum, schauten in den Einkaufskorb, und eine Frau fragte mich, ob sie mich anfassen dürfe, sie kenne mich aus dem Fernsehen. Dann hatte sie mich am Arm berührt und war zufrieden: Mich gab es wirklich …

Mit dem Bonner Minister fahre ich weiter stadtauswärts, vorbei am Treptower Park. Vor und hinter uns rollen die Sicherheitsfahrzeuge. Der Gast bittet meinen Chauffeur, etwas langsamer zu fahren und schaut auf die Gebäude aus der Gründerzeit zur Rechten. »Das ist ein fantastisches Haus. Kannst du es mir besorgen? Ich würde es gerne kaufen.«

Ich schüttle nur den Kopf und gebe keine Antwort. Das kann er doch um Himmels willen nicht von mir verlangen, dass ich jemanden damit beauftrage, einen Hauskauf zu organisieren. Das halte ich für unlauter und korrupt. Zumal es zutreffend hieße, wenn es denn rauskäme, dass sich auch die Neuen da oben wie die alten Machthaber bereicherten. Da will ich nicht hin.

Berater gibt es fast in jedem Ministerium und im Amt des Ministerpräsidenten auch. Außenminister Markus Meckel will seinen SPD-Genossen Egon Bahr nicht haben. Er sagt mir, dass er den Vertrauten von Willy Brandt »zu dominant« findet. »Er würde der Minister sein – nicht ich.«

Ich spreche mit Rainer Eppelmann, der das Ministerium für Abrüstung und Verteidigung leitet. »Egon Bahr steht zur Verfügung und will sich irgendwie nützlich machen. Markus Meckel will ihn nicht, obwohl beide in der gleichen Partei sind.«

Eppelmann darauf: »Ich habe schon mit Bahr gesprochen und ihm Interesse signalisiert. Ich werde ihm einen Beratervertrag anbieten. Ich brauche jemand, der eine bestimmte Perspektive auf die Sowjets hat. Ich persönlich habe keinen Zugang zu den Russen.«

»Es macht dir nichts, dass Egon Bahr Sozialdemokrat ist?«

»Nö, das macht mir nichts, und wenn es Nachfragen gibt, dann macht mir das auch nichts aus.«

Prinzipiell besteht keine strukturelle Gefahr, dass die Berater das Sagen bekommen – zumindest nicht auf Regierungsebene. Lothar de Maizière hat die Devise ausgegeben, dass die Berater aus der Bundesrepublik keine eigenen Entscheidungen treffen dürfen: »Das muss Sache der Ostdeutschen bleiben!«

Über das Verhalten der Berater wird mir aus den Ministerien zumeist Positives geschildert. Es gibt aber auch einige gegenteilige Erlebnisse.

Die Ministerin für Familie und Frauen Christa Schmidt (CDU) ist überhaupt nicht glücklich mit ihren beiden Westberatern. Sie berichtet, dass sich diese gegenüber den DDR-Mitarbeitern »wie kleine Götter« benehmen. Sie ließen sich bedienen und nicht mal die Bürofenster selbstständig öffnen und schließen. Auch das wiesen sie an.

Lothar de Maizière wird im Januar 2021 in einem Interview für das Archiv der Bundeszentrale für politische Bildung einmal zur Wirkung von Beratern sagen: »Walter Romberg, der Finanzminister, hatte zwei Berater aus NRW, die berieten ihn nicht im Sinne der DDR, sondern im Sinne der westdeutschen Bundesländer. Deshalb musste ich mich von ihm trennen. Das war das Ende der Großen Koalition.«

Viele der Berater aus dem Westen sind in ihren ursprünglichen Jobs freigestellt und beziehen ihr dortiges Gehalt. Das können wir nicht zahlen. Auch im Amt des Ministerpräsidenten und sogar im engen Umfeld von de Maizière werden wir von Beratern unterstützt. Zu diesen gehört Thomas de Maizière. Der Neffe des MP war bis vor Kurzem noch Pressesprecher der Westberliner CDU. Im Januar 1989 hatte sie die Wahlen zum Abgeordnetenhaus verloren. Thomas de Maizière und Lothar de Maizière waren mit Eberhard Diepgen, dem Chef der Westberliner CDU und abgewählten Regierenden Bürgermeister übereingekommen, dass Thomas de Maizière beim Parteivorsitzenden der Ost-CDU als Berater tätig würde. Aufgrund der Erfahrung seines Neffens kann sich der DDR-Ministerpräsident darauf verlassen, dass entscheidungsreife Kabinettsvorlagen erstellt werden, die auch formal-juristisch in Ordnung sind. Die letzte Verantwortung liegt aber immer beim Entscheider aus dem Osten, in diesem Fall bei Staatssekretär Lothar Moritz, der die Vorlagen in die Staatssekretärsrunde einbringt.

Im Büro des Ministerpräsidenten treffe ich auf Sybille Blomeyer-Rudolph und wiederholt auf Winfried Fest. Beide sind aus Westberlin und gehören zum Team der Redenschreiber. Von Teamarbeit kann man kaum sprechen. Sie arbeiten meist allein und sind allenfalls bei größeren Projekten, etwa der Arbeit an Regierungserklärungen, miteinander unterwegs. Die Abstimmungen mit Lothar de Maizière verlaufen harmonisch, selten kontrovers. Winfried Fest ist ein Feingeist. Der 1928 geborene Jurist, Publizist und ehemalige Senatsdirektor war als Staatssekretär bis 1989 Sprecher des Berliner Senats. Er ist kulturbeflissen und hat Medienerfahrung. Sein Bruder ist der Historiker Joachim Fest. Wenn er mich sieht und wir haben einige Sekunden Zeit, dann reden Winfried Fest und ich zuweilen über ein Zitat oder ein neu erschienenes Buch.

Die Begegnungen mit Winfried Fest erfolgen meist zufällig und im Vorzimmer des Ministerpräsidenten. Nur einmal, unangemeldet, aber vermeintlich wissend, dass ich da bin, klopft er an meine Bürotür. Zaghaft den Kopf nach vorn schiebend, bittet er um Eintritt in meine Amtsstube. Noch im Türrahmen bittet er um Nachsicht. »Ich will nicht stören …«

Dann macht er einen Schritt ins Zimmer. »Wie ich sehe, sind Sie da und vermutlich haben Sie wahrscheinlich auch etwas Zeit für mich.«

Ich nicke, erhebe mich und gehe ihm entgegen. »Ein seltener Besuch. Schön, dass Sie da sind.«

Winfried Fest bewegt sich mit dem ihm eigenen würdevollen, leichten Gang auf den Besprechungstisch mit den Stühlen zu. Wir setzen uns an die Ecke des Tisches. Er trägt unter seinem Jackett ein sorgfältig gebügeltes weißes Hemd, dessen oberster Knopf geöffnet ist. Beide Ellenbogen auf die Tischkante gestützt, schaut er mich leicht lächelnd durch seine runde, dunkel gerahmte Brille an. Er erweckt den Anschein, als hätte ich ihn gerufen und er erwarte etwas von mir.

Da es umgekehrt ist, frage ich ihn dennoch: »Was verschafft mir die Ehre?«

Fest atmet tief, bevor er spricht: »Gestatten Sie mir eine persönliche Frage?«

»Natürlich.«

»Wie fühlen Sie sich, nachdem Sie nun schon einige Tage in diesem Gebäude residieren?«

Ich weiß nicht, worauf er hinauswill und antworte allgemein. »Ich komme nicht viel zum Nachdenken und habe eine aktuelle Frage nach der anderen auf dem Tisch. Termine, Pressekonferenzen, Hintergrundgespräche …«

Er unterbricht mich. »Das weiß ich, aber Sie haben doch vor all dem ein normales Leben geführt, etwas Revolution gemacht und gewonnen. Was fühlen Sie, wenn Sie auf dem Stuhl Ihres Vorgängers sitzen?«

»Keine Genugtuung«, sage ich, was auch stimmt.

»Was ist es dann?«

»Befremdung. Meine Energie und meine Ideale sind hier fremd. Ich will ändern, ändern, ändern.«

»Hat dieses Gefühl etwas mit diesem Gebäude, mit diesem Zimmer zu tun?«

»Ich finde das Zimmer ungemütlich, kalt und viel zu groß.«

Er lehnt sich zurück und lächelt. »Sie könnten es anders einrichten lassen.«

»Vielleicht. Aber erstens weiß ich nicht, ob ich dazu überhaupt befugt bin, zweitens ob das in dieser ›Amtshalle‹ überhaupt eine Wirkung hätte, und …«

Fest fällt mir wieder ins Wort. »Sie wollen sich also hier nicht festsetzen.«

Seine Bemerkung ist so zielführend formuliert, dass ich darauf eingehen muss: »Ja, wir schaffen uns als DDR selber ab. Wozu also diesen Raum neu einrichten? Ich finde es lächerlich, dass Menschen zum Regieren solche Gebäude bauen, Zimmer einrichten, die für Machtmenschen konzipiert sind, von denen ich keiner bin.«

»Verstehe ich. Ich bin auch so. Wir könnten sonst nicht in dieser Weise miteinander reden.«

»Sich neu einzurichten hieße, diesen Raum nicht als Durchgangsstation zu sehen. Was hätte das auch für eine Signalwirkung?«

»Muss man nicht Räume gestalten, um sich in ihnen wohlzufühlen oder in ihnen optimal arbeiten zu können?«

»Vielleicht bin ich wirklich nicht für solche Räume geschaffen?«

Fest kichert. »Ich vertiefe mich so in meine Arbeit, dass ich meine kleine Kammer, in der ich schreibe, gar nicht bemerke. Ich hoffe, die Enge meiner Behausung fließt nicht ins Ergebnis ein.«

Wir lachen beide, und ich beruhige ihn. Fest ist ein überparteilicher Charakter, obwohl CDU. Deshalb konnte er auch für Willy Brandt Reden schreiben.

Anruf früh am Morgen. Peter-Michael Diestel, der Innenminister, ist am Telefon. »Die Presse ist hinter mir her. Was soll ich tun?«

»Worum geht's denn?«

»Das ist umfangreicher. Können wir uns sehen?«

Ich schaufle mir einen Termin am Vormittag frei, erzähle in der Lage beim Ministerpräsidenten, dass Diestel angerufen hat und lasse mir aus dem Nachrichtenbereich die letzten Pressemeldungen zum Innenministerium kommen. Dann steht er auch schon vor der Tür.

Der Anwalt Peter-Michael Diestel ist ein stattlicher, durchtrainierter Mann und über die DSU in die Politik gekommen. Er zeigt Rückgrat, wie sich das für einen Innenminister gehört und arbeitet nach dem Prinzip: »Viel Feind', viel Ehr'«. Er weicht keiner Kamera aus und hält mit seiner Meinung nicht hinterm Berg – was die Pressearbeit nicht einfach macht.

Er liebt das Risiko und ist zuweilen selbst überrascht, wie die Medien reagieren.

Diestel scheint etwas nervös, bedankt sich, dass ich Zeit für ihn habe und beginnt gleich. »Der *Spiegel* recherchiert gegen mich.« Er hält kurz inne und mustert mich. Ich bin mir nicht sicher, ob er sich geadelt fühlt oder wirklich besorgt ist, weil Deutschlands größtes Nachrichtenmagazin sich mit ihm beschäftigt.

»Worum geht's?«

»Da ist eine Intrige gegen mich im Gange.«

»Geht's um das MfS-Vermögen, was am 12. Mai das *Neue Deutschland* thematisiert hatte? Oder um die Überprüfung für Staatsbedienstete mit PDS-Zugehörigkeit?« Dazu hatte Diestel am 14. Mai in der *Süddeutschen Zeitung* Stellung bezogen hatte. »Oder geht's um die Ausrüstung der Polizei mit neuen Waffen aus dem Westen, was der *Spiegel* behauptet hatte?«

Diestel sieht, dass mir seine Themen nicht fremd sind. »Nein, darum geht es nicht«

»Geht's um die Verantwortung für die Polizeigewalt in den Wendetagen?« Im Herbst 1989 war es mehrfach zu Attacken gegen Demonstranten gekommen. Dazu hatte die *Berliner Morgenpost* einen Artikel veröffentlicht. Unter der Überschrift »Schonungslose Kritik an früherer Polizeikonzeption« war über eine Analyse, die letztlich Honecker und Mielke als Befehlsgeber die Schuld gab, berichtet worden. Die Untersuchung war in Diestels Ministerium erarbeitet worden.

Der Innenminister setzt sich überbetont aufrecht hin, holt tief Luft und sagt: »Es geht um die Stasi.«

Diestel vertritt die Ansicht, man dürfe nicht das Kind mit dem Bade ausschütten und solle zumindest bis zum Ende der DDR die ehemaligen Stasimitarbeiter fair behandeln. Zum einen würden sie zum Beispiel im Personenschutz noch gebraucht, und zum anderen ist es sein Ziel, Ordnung und Sicherheit im Land zu gewährleisten.

Diestel fährt fort: »Es geht um zwei Dinge, die nicht ohne sind, aber irgendwie im Zusammenhang stehen.«

»Und?«

»Der *Spiegel* wird am Montag mit der Behauptung erscheinen, dass ich Markus Wolf, den Chef der DDR-Auslandsspionage bis 1986, als Berater einstellen wolle.«

»Und? Willst du?«

»Ich habe das natürlich verneint.«

Diestel weicht aus. Also frage ich weiter: »Hast du Kontakt zu Markus Wolf?«

»Natürlich habe ich Kontakt. Ich habe mit ihm über die Strukturen des Ministeriums für Staatssicherheit gesprochen. Bei der Hauptverwaltung Aufklärung (HV A) sind noch immer fast so viele hauptamtliche Leute wie beim BND in Pullach beschäftigt – nämlich mehr als viertausend.«

Innenminister Diestel hat sich den Kontakt zu Wolf über seinen Mitarbeiter Karl-Heinz Schmalfuß verschafft. Generalleutnant Schmalfuß, einst Stellvertretender Innenminister unter Friedrich Dickel, war auch für die Kampfgruppen verantwortlich. Aktuell ist er unter Diestel Leiter der Zentralabteilung des Innenministeriums. Schmalfuß hat als Altgedienter überall hin Verbindungen, er hatte an einem Militärinstitut des KGB studiert, spricht ausgezeichnet russisch und findet an der DDR immer noch viel Beispielhaftes. Zu Gorbatschow bekennt er sich sehr spät, wie er in seinen 2009 in Aachen erschienen Memoiren offenbaren sollte. Der Mann trägt preußischen Gehorsam im Blut. Das hat sich Diestel zu Nutze gemacht.

Am 9. Januar 2012 wird der inzwischen 82-jährige Schmalfuß in der *Mitteldeutschen Zeitung* selbstbewusst erklären, dass Peter-Michael Diestel ein CDU-Mann gewesen sei, mit dem man habe arbeiten können. Die ungewöhnliche Allianz zwischen einem SED-Militär und einem CDU-Minister habe geholfen, die Anarchie in der DDR zu verhindern.

»Und was ist das zweite Problem?«

»Die SPD.«

Ich weiß bereits vom Ministerpräsidenten, dass die SPD den Innenminister absetzen will. Hintergrund ist, dass Diestel den Wunsch der Sozialdemokraten nicht nachkommt, den Berliner Jugendpfarrer Dankwart Brinksmeier zum Staatssekretär in seinem Ministerium zu machen. Seit Februar – also noch in der Zeit der Modrow-Regierung – kontrolliert er als Regierungsbevollmächtigter die Auflösung des MfS. Obwohl der SPD bei der Regierungsbildung der Posten eines Staatssekretärs im Innenministerium zugesagt wurde, lehnte Diestel die Berufung des radikalen Brinksmeier ab. Der Innenminister hatte Lothar de Maizière auf seiner Seite. Ich wohnte einem Gespräch im Volkskammerbüro des Ministerpräsidenten zwischen SPD-Fraktionschef Richard Schröder und Lothar de Maizière bei, in dem es um eben diese Besetzungsfrage ging. Der Ministerpräsident hatte dem Fraktionschef signalisiert, dass der Posten für die SPD weiter stehe, es lediglich um die Personalie Brinksmeier geht, die der politischen Linie des Ministers entgegenlaufe. Richard Schröder hatte das verstanden, andere in der SPD hingegen nicht. Für die Bürgerrechtler auch in der SPD ist der Schwarze Diestel ein rotes Tuch. Obwohl zusammen in der Koalition ist er aus mehreren Gründen ein zu bekämpfender Gegner. Er nimmt ihnen nach der demokratischen Wahl ihre Posten samt Bedeutung weg und geriert sich wie der Freund ihrer Feinde.

Diestel hat prinzipiell keine Scheu vor der Öffentlichkeit, aber er wartet auf einen helfenden Rat, wie er mit der Presse umgehen solle. »Das mit Markus Wolf hat sich rumgesprochen. Es ist ein Pulk von Journalisten hinter mir her.«

Ich frage nochmal nach: »Hättest du Wolf gern als Berater?«

»Vielleicht.«

»Versuch bis Montag zu warten und einmal nicht mit Journalisten zu reden. Wir wissen spätestens am Sonntagabend, was im *Spiegel* steht. Wir wollen nicht dementieren, was nicht dementiert werden muss.«

»Okay. Dann schließen wir uns am Sonntagnachmittag kurz …«

»Und kein Wort zur Presse.«

»Kein Wort zur Presse!«

Nachdem er mein Zimmer verlassen hat, höre ich von meinen Leuten im Regierungssprecheramt, dass

Peter-Michael Diestel am Ausgang des Ministerratsgebäudes stehe und einer Schar Journalisten Rede und Antwort steht. Diestel wäre nicht Diestel, würde er das nicht tun. Ich bin amüsiert und angefressen zugleich.

Als ich die Geschichte mit Markus Wolf, der Diestel angeblich beraten soll, dem Ministerpräsidenten erzähle, meint de Maizière, dass er dies Diestel durchaus zutraue. Wir beratschlagen und kommen zu dem Ergebnis, dass wir zunächst die Füße stillhalten. Das Thema aber ist in der Welt. Am Wochenende gibt es viele Anfragen, die ich an das zuständige Ministerium verweise.

»Wolf im Schafspelz« steht doppeldeutig über dem Artikel des *Spiegel*. In der Unterzeile heißt es »Ex-Spionagechef Wolf wird Berater«.

Das Nachrichtenmagazin hatte nicht nur im Innenministerium nachgefragt, sondern auch mit Politikern telefoniert, die dagegen sind. Und das sind naturgemäß viele. So schreibt der *Spiegel* nicht grundlos: »Die Aufregung kannte weder Staats- noch Parteigrenzen. Christ- und Sozialdemokraten, Liberale und Alternative in Ost und West empörten sich gleichermaßen über das Ansinnen von DDR-Innenminister Peter-Michael Diestel (DSU), den früheren Spionagechef und Stasi-General Markus Wolf als Berater bei der Zerschlagung der Stasi-Strukturen zu gewinnen.«

Es äußern sich zum Beispiel die innenpolitischen Sprecher der CDU und der FDP gegen Markus Wolf. Konrad Weiß von »Demokratie jetzt!« spricht vom »Wolf im Schafspelz« und Generalsekretär Volker Rühe von der West-CDU rät Diestel, sich lieber darauf zu konzentrieren, »die Mauer abzureißen«.

Der *Spiegel* zitiert die *Berliner Zeitung*, laut der der Innenminister gesagt habe, dass er nicht zulassen könne, »dass so viele gut ausgebildete, an Disziplin gewöhnte Menschen, die mit Waffen umgehen können, völlig respektlos herumirren« und »die Mafia oder ähnliche Verbrecherorganisationen auf sie aufmerksam werden«.

Auch die Personalie Brinksmeier, der sich »ähnlich wie der Stasi-Auflöser Werner Fischer, ständig mit dem Apparat anlegte«, wird angesprochen, inklusive des Verweises auf eine SPD-Fraktionsführung, die sich nicht durchsetzen könne. Gemeint ist Richard Schröder, ein Konservativer in seiner Partei. Der Sozialdemokrat Wolfgang Thierse hört hingegen »schlimme Signale«. (Er wird Richard Schröder am 21. August als Fraktionschef in der Volkskammer beerben.) Die SPD ist zersplittert in viele kleine Interessengruppen, die sich gegenseitig nicht grün sind.

Markus Wolf wird Diestel beraten, aber nicht Berater. Einen eigenen Staatssekretär im Innenministerium wird die SPD nicht besetzen. Den Posten übernimmt Peter Müller, der aus der SED ausgetretene Polizeichef des Bezirks Karl-Marx-Stadt.

Ein Nachmittag Anfang September. Ich betrete das Vorzimmer des Ministerpräsidenten. Das ansonsten immer gefüllte Büro ist unbesetzt. Nur ein Berater telefoniert. Er hält eine Liste mit Namen in den Händen, gestikuliert mit dem Papier hin und her und schreit herrisch in den

Hörer: »Jahsnowski, haben Sie verstanden, was ich gerade gesagt habe? Die müssen alle runter von der Liste.«

Er ruft Namen von Leuten auf, die gestrichen werden sollen. Ich weiß nicht, worum es geht, ich höre nur, dass am anderen Ende der Leitung der Protokollchef ist, der gerade zusammengefaltet wird.

Als mich der Berater sieht, verdreht er wichtigtuerisch die Augen, damit zeigend, dass der Protokollchef ihn nerve, er hier das Sagen habe und alles natürlich tausend Mal besser machen würde.

Obwohl mir scheint, dass meine Anwesenheit dem Berater etwas unangenehm ist, bleibe ich bewusst im Raum. Das zügelt ihn im Gespräch.

Zurück in meinem Zimmer rufe ich den Protokollchef an und fragte, was eben los war. Franz Jahsnowski gibt diplomatisch Auskunft. »Der Berater im Büro des Ministerpräsidenten möchte, dass den Minister im Amt des Ministerpräsidenten auf seiner Reise nach Japan nur noch vier oder fünf Personen begleiten sollen.«

In seiner feinen Art stellt mir Jahsnowski indirekt die Frage, wessen Anweisung mehr wiege – die des Ministers oder die des Beraters, der eigentlich keine Anweisungen erteilen dürfe.

Ich übergehe seine Einlassung und frage ihn: »Wie viele Leute waren denn für Japan geplant?«

»Mehr als doppelt so viele. Es geht auch um wirtschaftliche Beziehungen und Investitionen.«

Nach dem Telefonat mit Jahsnowski sitzt am frühen Abend der Abteilungsleiter Außenpolitik in meinem Büro. Er berichtet, dass der Berater im Amt des Ministerpräsidenten aus heiterem Himmel eine Schwedenreise gestrichen habe.

Der Berater war früher Büroleiter bei CDU-Generalsekretär Heiner Geißler gewesen und zusammen mit diesem nach dem Putschversuch 1988 gegen Helmut Kohl beim Parteivorsitzenden der West-CDU in Ungnade gefallen. Lothar de Maizière wird ihn in späteren Interviews und in seinem 2010 erschienenen Buch »Ich will, dass meine Kinder nicht mehr lügen müssen« als »Büroleiter« bezeichnen, auch als »der Geeignete«.

1990 jedoch trägt dieser Berater den Titel »Büroleiter« keineswegs, auch wenn es immer wieder den Anschein erweckt. Er hat offiziell den Status eines Beraters, und als solcher ist er auch im Haus bekannt. Was ihm wiederum, nach der Order de Maizières, nicht das Recht einräumte, Anweisungen zu erteilen. Das Büro wird von Sylvia Schulz geleitet.

Es ist schon spät am Abend und dunkel draußen. Im Ministerratsgebäude herrscht noch reges Treiben. Ich sitze verloren in meinem großen Zimmer am Schreibtisch und lese irgendwelche Berichte. Das Telefon klingelt.

»Kannst du bitte zu mir ins Büro kommen?«, sagt Klaus Reichenbach, der Minister im Amt des Ministerpräsidenten.

»Worum geht's denn?«

»Ich sag es dir, wenn du da bist – jetzt nicht am Telefon«, antwortet er geheimnisvoll.

Als ich Reichenbachs Büro betrete, sehe ich, dass er nicht allein ist. Der Sachse thront an der Spitze seines langgezogenen Besprechungstisches. An der Tafel sitzen etwa zehn Mitarbeiter aus unterschiedlichen Bereichen.

»Setz dich«, fordert mich Reichenbach auf. »Wir haben ein Problem und brauchen deine Hilfe.« Er zeigt auf einen freien Stuhl am Ende des Tischs. Ich lasse mich nieder und frage gespannt: »Was gibt es denn?«

»Wir wollten dich eigentlich nicht damit behelligen. Du hast genug um die Ohren.«

»Und wieso …?«

»Wir haben mit deiner Stellvertreterin gesprochen, aber die wollte bei dem Thema nicht mitmachen. Sie nimmt an dieser Sitzung bewusst nicht teil, hat sie gesagt. Sie behält das alles aber für sich. Das hat sie versprochen.«

Noch immer weiß ich nicht, worum es geht, und ich will wissen, um welches Thema sich Angela Merkel gedrückt hat.

Der Minister lehnt sich zurück, schaut mich an, als würde ich – einem Messias gleich – das Heil der Welt in mir tragen. Die Blicke der anderen sind ebenfalls erwartungsvoll auf mich gerichtet.

»Es geht um das Büro des Ministerpräsidenten. Da werden Hals über Kopf immer wieder Entscheidungen getroffen, ohne dass die zuständigen Ressorts einbezogen sind. Es werden Termine umgeschmissen, neue gemacht und Informationen zurückgehalten.«

Aha, daher weht der Wind. »Habt ihr darüber mit dem Ministerpräsidenten gesprochen?«

»Nein, seit einigen Tagen kommt keiner mehr so richtig an de Maizière ran. Im Büro des Ministerpräsidenten selbst herrscht überall besorgtes Misstrauen.«

»Hast du das Sylvia Schulz erzählt?«

Es ist bekannt, dass ohne die rothaarige Büroleiterin, eine eloquente und die Kunst der Intrige beherrschende Frau, nichts läuft. Die Mittdreißigerin versorgt schon seit achtzehn Jahren den nikotinabhängigen Ministerpräsidenten mit DDR-Zigaretten der Marke Club. Sylvia Schulz ist sein analoger Terminkalender und sein Abschirmdienst. Die *SuperIllu* nannte sie einmal »Kammerzofe«, weil sie ihm auch seine Schals, Mäntel und Taschen hinterherträgt. Aber sie ist mehr als das: Sie hat durchaus Einfluss, im kleineren Kreis sagt sie offen ihre Meinung. Dabei vermeidet sie es, de Maizière bloßzustellen. Bei wichtigen politischen Terminen kann es schon einmal vorkommen, dass Sylvia Schulz mit einer gewissen Selbstverständlichkeit mit am Tisch sitzt, was beispielsweise Präsidenten wie Gorbatschow verblüfft. Das wäre einer Juliane Weber, der Büroleiterin des Bundeskanzlers, nie eingefallen. Sie hätte es sich auch nicht getraut.

Ich verstehe mich mit Sylvia Schulz und könnte in Sachen Berater mit ihr reden, denke ich. Deshalb erkundige ich mich, ob sie das Problem kenne.

Klaus Reichenbach beugt sich über den Tisch, und es scheint, als wüssten alle hier mehr als ich.

»Das ist ja das Problem. Sylvia Schulz macht gemeinsame Sache.«

»Mit wem?«

»Mit dem Berater, der dort alles in die Hand genommen hat.«

Ich verstehe. Offenbar war ihr nichts anderes übriggeblieben, als sich die Macht im Büro de Maizière durch eine wie auch immer geartete Kooperation mit dem Berater aus dem Westen zu sichern. Sie kollaboriert, sagt Reichenbach.

Auch ich hatte mich schon einmal geärgert und beschwert, als ohne die Abstimmung mit mir ein Fernsehteam eingeladen worden war. Ich hatte es noch auf Sylvia Schulz allein und deren Verbindung zu einem *ZDF*-Korrespondenten geschoben. Das konnte ich mit ihr klären. Jetzt ist das Problem aber auf einmal größer, es ist mehr als nur das übliche Kompetenzgerangel zwischen Subalternen. Sylvia Schulz und der Berater hatten gleichsam die Macht an sich gerissen, und das zeigten sie jedem.

Vor mir sitzen die Betroffenen. Diese Runde will so nicht weitermachen – das ist, wenn man so will, eine Verschwörung gegen den engsten Kreis um den Ministerpräsidenten …

Ich verstehe jeden, der hier sitzt. Auch ich bin gewissermaßen Opfer. Es gab vor Kurzem einen journalistischen Termin, der durch den übereifrigen Berater gemacht worden war und nicht durch meine Leute. Ich hatte den »Studio 1«-Termin darum nicht im Kalender stehen und war verwundert, als ich gerufen wurde. Es ist so üblich, dass der Regierungssprecher bei Interviews mit dem Ministerpräsidenten zugegen ist. De Maizière war ärgerlich, weil er vorweg nicht gebrieft worden war, dass es um einen Rückblick auf seine Regierungszeit gehen sollte, obwohl diese noch gar nicht vorbei ist.

Das Thema hatte der Berater entweder nicht erfragt oder als harmlos empfunden.

Der Kameramann hatte den mürrischen, sich sträubenden de Maizière mitgeschnitten. Das wurde dann auch noch gesendet. Diese laienhafte Pressearbeit eines Beraters war also rundum schief gegangen …

Ich blicke in die Runde, ausnahmslos Ostdeutsche, hochrangige Mitarbeiterinnen und Mitarbeiter, die sich nicht mehr zu helfen wissen. Ihr Gegner, der Berater, sitzt im Zentrum der Macht, im Büro des Ministerpräsidenten, und scheint unangreifbar. Ich würde ihm zwar auch Einfluss auf de Maizière konzedieren, doch der ist kein heuriger Hase und mit einigen politischen Wassern gewaschen. Das hat er seinen Landsleuten, die hier versammelt sind, voraus. Deshalb ist er ja auch Premier.

Der fremde, zuweilen kalte, nicht teamfähige Auftritt des Beraters hat seine ostdeutsche Umgebung massiv eingeschüchtert. Die Mitarbeiter nennen ihn inzwischen »Blockwart«. Das ist ein Begriff aus der Nazizeit.

Vertrauensvoll berichten einige der »Verschwörer«, was der Berater aus dem Westen in ihrem Bereich angestellt habe. Jeder hat eine andere Geschichte zu erzählen, aber auf alle trifft zu: Der Mann handelt – egal, ob falsch oder richtig – über alle Köpfe hinweg. Anmaßend und autoritär. Und heute war das Fass übergelaufen.

Die Runde in Reichenbachs Büro muss schon lange vor meinem Erscheinen diskutiert haben, denn sie macht einen Vorschlag, den mir Klaus Reichenbach unterbreitet: »Kannst du nicht der Presse einen Tipp geben, damit ihm das Handwerk gelegt wird?«

Ich begreife, dass Gefahr im Verzug ist. Die Leute proben den Aufstand wegen eines Mannes, der täglich seine

Kompetenzen überschreitet, weil seine Rolle nicht eindeutig geklärt ist. Aber bei allem, was intern abgeht, der innere Zirkel um de Maizière darf auf keinem Fall angegriffen werden. Das würde den Ministerpräsidenten selbst beschädigen. Ich selbst war wiederholt von Journalisten bereits gefragt worden, wer denn dieser »unmögliche Wessi« bei de Maizière sei, und hatte aus eben diesem Grunde stets abgewiegelt.

»Ist schon etwas nach außen gedrungen?«, erkundige ich mich dennoch.

»Es gab eine Anfrage von der Presse«, sagt jemand.

Die Sache ist also in der Welt. Ich vermute, dass es jener gesteckt hatte, der mir geantwortet hatte. Ich verpflichte alle, nichts zu unternehmen und bitte um absolutes Stillschweigen, ich würde das regeln.

Im persönlichen Gespräch mit dem Whistleblower (den Begriff kannte man damals noch nicht) erfahre ich, welche zwei Journalisten er angesprochen hat. Ich rede mit den beiden, verharmlose die Sache und biete ihnen eine andere Exklusivgeschichte an. Sie lassen sich darauf ein.

Ich rede auch mit dem »Blockwart« und erzähle ihm, dass gegen ihn recherchiert wurde, ich aber eine Veröffentlichung gerade noch habe verhindern können. Ich bitte ihn aber eindringlich, in Zukunft keine eigenen Pressetermine mehr zu machen und vor allem mehr im Team zu arbeiten.

Er bedankt sich – und hält sich an seine Zusage.

Der Besuch in der Sowjetunion

Werder an der Havel. Anfang der achtziger Jahre. In der Kirchgemeinde, in der ich als junger Seelsorger unterwegs bin, erzählen mir Menschen, was sie persönlich nach dem Einmarsch der Sowjetarmee 1945 erlebt haben. Ich treffe eine Frau, die vergewaltigt wurde und ihr Kind ausgetragen hat. Der Sohn, acht Jahre älter als ich, hat eine sichtbare Behinderung. Viele Menschen in der Potsdamer Gegend fühlen sich angesichts der starken Präsenz der sowjetischen Streitkräfte in der DDR unwohl. Hinter der Mauer, die sich an der langen Straße neben dem Bürgersteig schnurgerade entlangzieht, stehen ihre Kasernen. Auf den Wachtürmchen stehen gelangweilte Posten mit Gewehr. Ich sehe, wie einer von ihnen sich zu einem Passanten hinunterbeugt, der ihm Zigaretten reichen will. Es fällt ein Schuss. Der Soldat fällt neben dem Mann zu Boden und bleibt reglos liegen.

Noch eh ich da bin, haben mehre Soldaten ihren Kameraden durch ein Tor hinter die Mauer gezogen. Der junge Mann, der die Zigaretten reichen wollte, bleibt unbeachtet. Er steht immer noch wie versteinert da, als ich ihn erreiche. Für die Soldaten sind wir irrelevant. Wir beide sind allein auf der Straße, stehen sprachlos nebeneinander. Der Mann meint benommen, dass er jetzt gehen müsse. So gehen wir weiter unseren Weg an der Mauer entlang – jeder in seine Richtung.

Wir wissen, das, was soeben geschehen ist, hat uns nichts anzugehen. Das ist Sache der Sowjets. Darüber wird in keiner Zeitung etwas stehen. Keine Dienststelle in der DDR wird, wenn sie davon Kenntnis erhielte, den Fall untersuchen. Später geht mir immer wieder der Mann durch den Kopf, der Zigaretten gereicht hat – praktizierte deutsch-sowjetische Freundschaft.

Mein Sowjetunionbild ist ein Mix aus Schulrussisch, der Brieffreundschaft mit Tamara, dem Kleben von DSF-Marken in ein rotes Buch, den Geschichten anderer und jener, die ich selber erlebt habe. Als nach den sturen, steinalten Parteiführern Gorbatschow an die Macht kommt, glaube ich, alles wird anders – auch für die Russen.

Bis April 1990 bin ich ein uneingeschränkter Fan von Michail Gorbatschow. Der KPdSU-Generalsekretär und letzte Staatspräsident der Sowjetunion steht für Glasnost und Perestroika, für Transparenz und Umgestaltung. Er bekennt sich zur Meinungsfreiheit, ist gegen Planwirtschaft und will den Kalten Krieg beenden. Die Berichte meiner Journalisten-Kollegen bei der *Neuen Zeit*, die aus der Sowjetunion wiederkommen, begeistern mich.

Ich stehe am Vorabend des 7. Oktober, dem 40. Jahrestag der Republik, vor einer Polizeikette, die den Palast der Republik abschirmt, und rufe »Gorbi, Gorbi«. Natürlich weiß ich, dass Gorbatschow, der 1985 als jüngster von den alten Männern des Politbüros nach dem Tod seines Vorgängers Tschernenko zum Generalsekretär gewählt worden war, zwar eine Wende anstoßen, aber keine Wunder vollbringen kann. So verläuft manche

Initiative ins Nichts: Er wird als »Mineralsekretär« verspottet, denn es wird weiter exzessiv Alkohol getrunken. Mit dem Abbau von Mittelstreckenraketen und der 1987 geschlossenen »doppelten Null-Lösung« konnte er zwar die Wirtschaftsausgaben für das Wettrüsten eindämmen, hatte aber das Militär gegen sich. Dass das Sowjetimperium zerfällt, kann er nicht verhindern. Der Gorbatschow, der mir als Reformer so sympathisch ist, steht unter innenpolitischem Druck. Das erfahre ich später auch aus Gesprächen mit seinen Beratern.

Nach unserem ersten Besuch in der Sowjetunion sehe ich Gorbatschow kritisch. Ich bin nicht enttäuscht wie Egon Krenz, der mir bei einer späteren Begegnung erklären wird, dass Gorbatschow den Sozialismus verraten habe. Ich bin irritiert – Gorbatschow tritt uns gegenüber wie ein Imperator auf. Das hatte ich am wenigsten erwartet. Sicherlich sind meine Erwartungen zu hoch, aber auch schon vor unserem ersten Staatsbesuch Ende April 1990 ernüchtert uns die Realität.

Am 12. April war Lothar de Maizière in der Volkskammer vereidigt worden. Schon am Tag darauf – es ist Karfreitag, der 13. April – wird er für 13 Uhr in die sowjetische Botschaft Unter den Linden einbestellt. Der Ministerpräsident lehnt das ab. Er regt sich über das »Gebaren der Russen« auf, er lasse sich nicht zitieren, denn er sei frei gewählt. Einen solchen Widerspruch kannten die Sowjets bisher nicht.

Stattdessen bekommt der sowjetische Botschafter Wjatscheslaw Kotschemassow einen Termin am 17. April beim DDR-Ministerpräsidenten. Der Botschafter hat ein sogenanntes Non Paper in der Hand. Der nicht unterzeichnete Forderungskatalog listet auf mehreren Seiten die Bedingungen der Siegermacht Sowjetunion für die Wiedervereinigung auf. Die Beschlüsse der Potsdamer Konferenz von 1945 sollen weiter gelten, also jede Siegermacht des Zweiten Weltkrieges behalte die Hoheit in ihrer Besatzungszone. Ebenso das Viermächteabkommen, in dem die Berlin-Frage geregelt ist.

Die Verträge mit der Sowjetunion müssten gleichrangig im Siegermächte-Kontext gesehen werden. Die »Eingliederung eines vereinigten Deutschlands in die NATO« sei für die Sowjetunion »unannehmbar«. Ein Anschluss an die Bundesrepublik nach Artikel 23 des Grundgesetzes könne nicht akzeptiert werden. Die Sowjetunion bestünde »auf der Einhaltung aller wirtschaftlichen Beziehungen mit der DDR«.

Ein solches Diktat hat Lothar de Maizière nicht erwartet. Wir reden darüber und werten das Non Paper – also diese nicht sanktionierte und daher offiziell nicht zitierfähige Vorgabe – als Einschüchterungsversuch. Jede demokratisch gewählte Regierung würde ihn als Brüskierung und Provokation empfinden. Wir sind keine Vasallen. Der DDR-Premier ist unendlich wütend. Aber uns ist klar, dass jedes Zerwürfnis mit den Sowjets Zeit kosten und die Wiedervereinigung verzögern, wenn nicht gar verhindern könnte. Der Ministerpräsident macht Kotschemassow den Vorschlag, er wolle nach Moskau fliegen, um die offenen Fragen zu besprechen.

In der nächsten morgendlichen Lagebesprechung des Ministerpräsidenten überlegen wir, wie mit dem Non

Paper umgegangen werden soll. So verlockend es auch scheint, das Diktat der Sowjets öffentlich zu machen, plädiere ich dafür, es nicht zu tun, um im Vorfeld unseres Staatsbesuches die Verhandlungsatmosphäre nicht zu belasten. Wir beschließen, das Papier nicht zu veröffentlichen, was in der kleinen Lagebesprechung aber nicht ohne Widerspruch bleibt.

Die Folge ist, dass man am 19. April in der *Berliner Morgenpost* eine *dpa*-Meldung lesen kann, die als Quelle das Ostberliner *ZDF*-Studio nennt: »Der sowjetische Botschafter in der DDR überbrachte [...] dem neuen Regierungschef Lothar de Maizière ein sogenanntes Non Paper. Darin formuliert die Führung der UdSSR [...] inoffiziell ihren Standpunkt und erläutert auf sieben Seiten ihre Bedenken und Erwartungen. Moskau ist diesen Informationen zufolge gegen einen schnellen Beitritt der DDR zum Grundgesetz nach Artikel 23 [...]. Die Sowjetunion befürchtet offenbar, dass die DDR dadurch sehr rasch in die NATO integriert werden könnte.« Zuerst steht für mich die Vermutung im Raum, dass die Sowjets die Regeln selbst gebrochen und den Inhalt des Papiers lanciert haben könnten. Dann wird mir jedoch klar, dass es im Büro de Maizière eine sehr enge Verbindung zum *ZDF*-Studio gibt.

Ich bereite mich auf die Reise vor und lese diverse Papiere. Was da geschrieben steht, klingt sehr dramatisch: Die Sowjetunion ist vor allem in wirtschaftlicher Bedrängnis. Das hängt auch mit der DDR zusammen. Die gegenseitigen Lieferverpflichtungen liegen im Ungleichgewicht. Nachdem noch in den Jahren 1987 und 1988 die Zahlungsbilanz zwischen beiden Ländern mit einem Überschuss der UdSSR abschließt, bilanziert die DDR am Jahresende 1989 einen Überschuss von 852 Millionen Rubel. Der Trend ist nicht aufzuhalten. Schon am 20. April 1990, das sind die Zahlen, die ich vor unserem Besuch in der Sowjetunion zugearbeitet bekomme, hat die Sowjetunion bereits 1,3 Milliarden Rubel Schulden bei der DDR.

Die sowjetischen Lieferungen bleiben aus. Angesichts des bevorstehenden Übergangs zu aktuellen Weltmarktpreisen und der zu erwartenden Verrechnung in frei konvertierbarer Währung ab 1991 – was Moskau selbst 1989 auf dem Sofioter RGW-Gipfel vorgeschlagen hatte – ist der Kreml äußerst beunruhigt. Würde diese Entwicklung anhalten, so die Prognose, hätte die DDR am Ende des Jahres 1990 gegenüber der UdSSR ein Aktivsaldo von etwa 3,8 Milliarden DM.

Hinzu kommt, dass die Sowjetunion zerfällt. Sowjetrepubliken wie Armenien fordern Unabhängigkeit. Besonders das Abnabeln der Länder des Baltikums ist von politischer und wirtschaftlicher Brisanz. Ein großer Teil des Ost-West-Handels läuft über die baltischen Ostseehäfen. Zwischen Moskau und Vilnius werden nervös Drohungen hin- und hergeschickt. Die *Berliner Zeitung* berichtet: »Moskau springt mit Litauen um wie mit einer unbotmäßigen Kolonie. Noch handelt es sich nur um Stockschläge [...]. Alle Welt schweigt betreten.«

In diese gereizte Stimmung hinein plant die erste freie DDR-Regierung ihren Besuch in der Sowjetunion. Innenpolitisch steht Gorbatschow massiv unter Druck. Die

Regale in den Läden sind leer, selbst Grundnahrungsmittel fehlen. Und der bislang größte und wichtigste Handelspartner, die DDR, ist dabei, sich aus dem Staub zu machen. Auch militärisch. Gorbatschow kann nur mit Mühe erklären, dass der Verbündete den Warschauer Vertrag verlassen wolle. Die Sowjetunion, so deutet es sich an, droht die »Früchte des Sieges« im Großen Vaterländischen Krieg zu verlieren.

So sind die Kommentare in der sowjetischen Presse zur Entwicklung in der DDR alles andere als freundlich. Sie zeigen, dass Deutschland im Bewusstsein der russischen Bevölkerung keinesfalls so souverän gedacht wird, wie wir uns nach der friedlichen Revolution und den freien Wahlen fühlen.

Das ist auch Thema einer Lagebesprechung morgens um 8 Uhr mit dem Ministerpräsidenten. Ich führe Beispiele an: Der *Prawda* geht es 18. April 1990 zu weit, dass die ostdeutschen Koalitionsparteien eine NATO-Mitgliedschaft eines vereinten Deutschlands erwägen. »Ist denn den heutigen politischen Führern in der DDR die Haltung der Sowjetunion unbekannt, die diese Idee für unannehmbar hält?«

Das gleiche Blatt unterstellt den DDR-Medien, angesichts von Berichten über die Aufdeckung von Massengräbern von Opfern der Stalinära Zwietracht zu säen: »Es entsteht der Eindruck, dass hinter diesen Berichten in Zeitungen nicht das Streben steht, ein unbekanntes Kapitel der Vergangenheit zu öffnen, sondern ein anderes Kapitel der Geschichte zu schließen, in dem es um die freundschaftlichen Beziehungen der Völker der DDR und der UdSSR geht, die sich nach dem Krieg allmählich herausgebildet haben.«

Während im Non Paper eine NATO-Mitgliedschaft Gesamtdeutschlands kategorisch ausgeschlossen wird, ringt man auch in der Sowjetunion um Kompromisse. Eine Idee kommt vom sowjetischen Außenminister Eduard Schewardnadse, der eine Doppelmitgliedschaft vorschlägt. Das vereinte Deutschland solle sowohl Mitglied in der NATO als auch im Warschauer Vertrag werden. Er muss recht bald seinen Vorschlag als »unorthodox und noch nicht ganz ausgegoren«, so das *Neue Deutschland* am 19. April, zurücknehmen. Die Reaktion aus Washington klingt nicht anders: Eine Doppelmitgliedschaft ist »nicht wünschenswert«.

Rainer Eppelmann versucht bei seiner Amtseinführung als Abrüstungs- und Verteidigungsminister der DDR am 18. April in Strausberg den Spagat zwischen den Sowjets und den Amerikanern. Er entwickelt ein noch kurioseres Fantasiegebilde: eine NATO-Mitgliedschaft des vereinten Deutschlands mit zwei deutschen Armeen – der Bundeswehr und der NVA. Deutschland wäre dann nur »de jure« und nicht »de facto« NATO-Mitglied, so Eppelmann. Das Modell solle bis zur Herstellung eines »gesamteuropäischen Sicherheitsbündnisses« bestehen. Die territorial getrennten Armeen hätten auch eigenständige Strukturen und Befehlsgewalten. Die Sicherheitsinteressen der Sowjetunion nennt Eppelmann »verständlich und legitim«.

Mit der Sowjetunion gehen fast alle um wie mit einem rohen Ei. Erst ein paar Tage im Amt, äußert sich Außenminister Markus Meckel, dass es »nicht unsere Absicht sein könne, die Interessen der Sowjetunion zu beschädigen«. Zur Frage, ob NATO-Zugehörigkeit oder nicht, antwortet der SPD-Politiker: »Wir werden gegenüber der Bundesrepublik deutlich machen müssen, dass es eine Nachfolge für die Verpflichtungen der DDR gegenüber der Sowjetunion zu geben hat.«

Mitten in dieser wirtschaftlich, militärisch und geopolitisch angespannten Lage geht unsere erste Auslandsreise in die Sowjetunion. Wir wollen uns bei Michail Gorbatschow für das Tauwetter, das den Eisernen Vorhang hat schmelzen lassen, bedanken. Der Besuch ist groß angelegt, wenngleich als Arbeitstreffen geplant. In den Ministerien und Fachbereichen werden in den Tagen zuvor mit Hochdruck Sachstände analysiert, Strategien überlegt, Verträge und Papiere vorbereitet. Ich bekomme fast alle diese Schriftstücke auf dem Tisch und arbeite mich des Nachts ein. Außerdem muss man sich über die Verhandlungspartner und ihre Absichten kundig machen. Zudem sind vor Ort Zeitabläufe wichtig. In Parallelgesprächen können die Absichten der Gegenseite nicht an die Verhandlungsführer übermittelt werden. Smartphones und sonstige Digitalisierung gibt es noch nicht.

Der Gastgeber hat mit seiner analogen Kommunikationstechnik und der Kenntnis über die sonstige Infrastruktur einen erheblichen Vorteil. Jeder Platz an jedem Tisch ist überlegt. Wichtig ist auch, ob die Gesprächsteilnehmer oder Nachbarn, zum Beispiel beim Essen, sich sprachlich verständigen können, um ihre Botschaften loszuwerden. Für die sowjetische Seite ist von Bedeutung, dass die Zimmer in den Hotels richtig zugeordnet, weil diese vermutlich verwanzt sind.

Die inhaltliche Bedeutung des Besuchs wird deutlich, wenn man sich die umfangreiche Liste der Mitreisenden vornimmt. Neben dem Regierungschef gehören laut Protokollheft folgende Personen zur Delegation: Rainer Eppelmann, Abrüstungs- und Verteidigungsminister; Markus Meckel, Außenminister; Gerhard Pohl, Wirtschaftsminister; Gerd König, Außerordentlicher Bevollmächtigter Botschafter der DDR in der UdSSR; Theodor Hoffmann, Admiral und Chef der Volksarmee; Matthias Gehler, Staatssekretär und Regierungssprecher; Frank Matschinek, Staatssekretär im Ministerium für Abrüstung und Verteidigung; Frau Sylvia Schulz, Leiterin des Büros des Ministerpräsidenten; Thilo Steinbach, Leiter der Abteilung Außen- und Sicherheitspolitik im Amt des Ministerpräsidenten; Denis Ruh, Leiter der Hauptabteilung Presse im MfAA; Franz Jahsnowski, Chef des Protokolls; Klaus Steinhofer, Leiter der Abteilung Sowjetunion im MfAA; Jeannette Klötzer, Stellvertreterin des Chefs des Protokolls; Joachim Roth, Oberst, Leiter des Büros beim Abrüstungs- und Verteidigungsminister; Peter Grabley, Berater beim Wirtschaftsminister; Eduard Schwierz, Berater beim Wirtschaftsminister; Fr. Schreiber, Beraterin beim Wirtschaftsminister; Reinhard Hadrich, Berater beim Wirtschaftsminister; Steffen Heller, Persönlicher Referent des Außenministers; Margitta Gorlt, Pressereferentin beim Staatssekretär und Regierungssprecher; Elke Walter, Dolmetscherin; Horst Heidrich, Dolmetscher; Jürgen Wittig, Dolmetscher;

Frank Lehmann, Dolmetscher; Peter Knaur, Dolmetscher; Jörg Reinker, Begleiter; Udo Brust, Begleiter; Wolfgang Bening, Begleiter.

Die Delegationsmitglieder erhalten kurz vor Abflug ein kleines handliches Protokollheft. In diesem Ablaufplan ist minutiös jedes Detail, inklusive Uhrzeit und Teilnehmer der Treffen aufgeführt. Für den 28. April 1990, einem Samstag, steht da zum Beispiel Begrüßung auf dem Flughafen Moskau-Wnukowo II durch Eduard A. Schewardnadse, weiteren Vertreter des UdSSR-Ministerrates und Diplomaten der Botschaft der DDR.

Wir klettern aus dem Flugzeug und betreten die Gangway. Uns weht ein kühler Wind entgegen. Draußen – wir hatten den Hinweis bereits im Flugzeug bekommen – führt das Empfangskomitee nicht Schewardnadse, son-

A b l a u f p l a n

für den Besuch des

Ministerpräsidenten

der DDR,

Herrn Lothar de Maizière,

in der UdSSR

April 1990

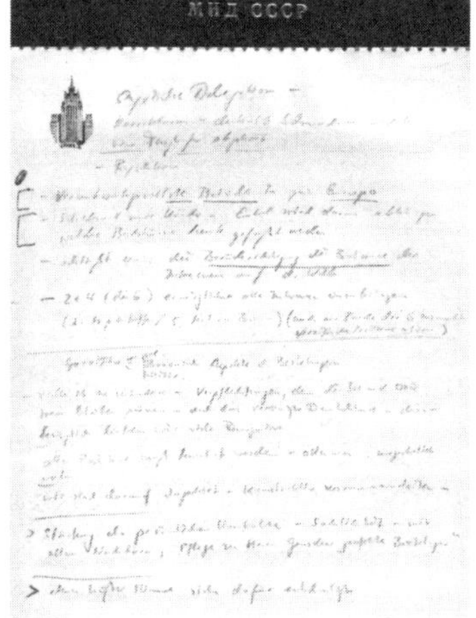

Ablaufplan für den Staatsbesuch des DDR-Ministerpräsidenten in Moskau am 28./29. April 1990. Rechts: Notizen Gehlers von Gesprächen mit sowjetischen Politikern

dern Ryshkow, der Ministerpräsident. Offiziell heißt es, der Außenminister hätte sich um eine syrische Delegation zu kümmern. Es ist augenscheinlich eine Erhöhung der Wertschätzung. Der Ministerpräsident der Sowjetunion begrüßt den Ministerpräsidenten der DDR. Doch wir sind enttäusch, nicht auf Schewardnadse zu treffen, der als Vertrauter Gorbatschows gilt. Außerdem ist es nur im äußersten Notfall üblich, dass einseitig etwas spontan am Protokoll geändert wird. Selbst auf diese Weise gibt man uns zu verstehen, dass sie, nicht wir, über den Ablauf entscheiden. Ich wechsle mit unserem Protokollchef Jahsnowski einige Worte, der sofort erfasst hat, was hier vor sich geht. Er deutet an, dass noch mehr folgen könnte. Der unter den Genossen bei der Begrüßung übliche Bruderkuss, über den wir uns im Flugzeug schon erwartungsvoll und mit vielen Tipps für Lothar de Maizière lustig gemacht haben, fällt aus.

Vor dem Flughafen wartet eine Kolonne schwarzer Regierungsfahrzeuge sowjetischer Produktion auf uns. Der Wagen, in den ich einsteige, könnte schon die Breschnew-Ära miterlebt haben. Er klappert gehörig. Wir rasen in die Stadt, als wäre eine Schar Kosaken hinter uns her. Ich werde noch viele Kolonnenfahrten erleben, aber diese ist die schnellste. Für Mittelstreifen und aufgescheuchte Fußgänger haben die Fahrer eine besondere Vorliebe. Sie steuern teilweise direkt auf Menschen zu, die die Straße überqueren wollen, um sie zu erschrecken oder zu verscheuchen. Autos, in denen die Fahrer nicht schnell genug reagieren und zur Seite lenken, hämmern die Sicherheitsbeamten erbarmungslos mit einer Art

Schlagstock beim Vorbeifahren auf das Blechdach. Bei diesem ersten Staatsbesuch lerne ich: Befindet man sich beim Einsteigen in der Mitte oder am Schluss einer solchen Delegation, ist immer höchste Eile geboten. Die Protokolle und Sicherheit sind beim Ein- und Aussteigen oft so straff organisiert, dass die Delegationsteilnehmer in Gefahr sind, getrennt zu werden.

Im Hotel »Oktjabrskaja« rufen wir uns hastig noch einige Termine zu und verschwinden dann mit den Fahrstühlen in dem riesigen Gebäude. Die Sowjets haben uns absichtlich und provokativ getrennt. Wir lassen uns das nicht gefallen, beratschlagen, beschweren uns und fordern, dass zumindest die Zimmer der Crew von Lothar de Maizière räumlich etwas näher zusammen liegen. Ich lande schließlich in einer fantastischen Suite mit Blick über Moskau. Die Möbel haben Stil, und das Bad hat die Größe einer Dreiraumwohnung. Ich frage de Maizière, ob er auch zwei Bademäntel und zwei paar Hausschuhe im Zimmer habe. Er bejaht. Das Haus, im dem viele Duma-Abgeordnete aus den Sowjetrepubliken wohnen, ist – bis auf eine Leninbüste im Hauptfoyer – eher westeuropäisch als sowjetisch eingerichtet. Ich fühle mich wohl. Dezent gewarnt von unserm Protokollchef Jahsnowski, »die Gespräche auf den Zimmern nur auf das Nötigste zu beschränken«, reden wir vor allem im Flur miteinander und später im Freien.

Zum Abendessen sind wir als Delegation unter uns, zumindest sehen wir niemanden – bis auf das Personal. Es herrscht eine fröhliche Atmosphäre. Auf dem Tisch stehen Wasser, Obst und Wein, Speisen werden in mehreren Gängen serviert. Rainer Eppelmann wendet sich an die Bedienung und fragt: »Haben Sie statt des Weines nicht auch ein Bier für mich?« Das wird übersetzt.

Zunächst sieht es so aus, als funktioniere das Übersetzen nicht. Es herrscht Ratlosigkeit. Das Personal läuft zusammen. Man deutet schließlich dem Abrüstungs- und Verteidigungsminister verlegen an, dass die Russen große Schwierigkeiten haben, Bier zu besorgen. Die Versorgungslage in Moskau scheint bei bestimmten Produkten tatsächlich so prekär zu sein, wie wir das vor unserer Reise übermittelt bekommen haben. Rainer Eppelmann, der schon aufgrund des genossenen Weines guter Stimmung ist, besteht jedoch weiterhin auf seinem Bier.

Die Aufregung steigt. Schließlich bekommt es der MP mit. Er ruft über den Tisch: »Worum geht's denn?«

Eppelmann sagt: »Ich würde jetzt gern ein Bier trinken.« Darauf de Maizière, der nicht wusste, was da eben gesprochen worden war und der niemals wegen eines Bieres jemand in Verlegenheit bringen würde: »Ach ja, jetzt noch ein Bier, das wäre eine gute Idee.«

Worauf erneut Chaos bei der Bedienung ausbricht. Erst als Lothar de Maizière und alle anderen am Tisch begreifen, dass die Russen in höchster Verlegenheit sind, weil es in Moskau – zumindest an diesem Abend – schwer ist, Bier zu beschaffen, entschuldigen wir uns und annullieren die Bestellung.

Nach dem Abendessen verabreden wir uns im kleinen Kreis spontan zu einem nächtlichen Ausflug durch Moskau. Neben Lothar de Maizière und mir sind Sylvia Schulz, Thilo Steinbach und Rainer Eppelmann dabei.

Da wir die Kolonne der Wagen so klein wie möglich halten wollen, steige ich einfach in ein sowjetisches Sicherungsfahrzeug ein. Die Personenschützer sind irritiert, trauen sich aber nichts zu sagen. Jetzt zeigen wir dem russischen Protokoll, was *wir* wollen. Insgesamt sind wir vier Fahrzeuge, davon zwei Begleitwagen mit Blaulicht – und in einem sitze ich. Wir rasen durch Moskau nach bekanntem Muster. Mal sind wir mit unserem Blaulichtwagen vorn, mal sind wir am Ende der Kolonne. Autos, die nicht schnell genug die Straße räumen, werden bedroht, geschlagen, gestoppt oder abgedrängt auf die Bürgersteige. Im Wagen werden Flüche ausgestoßen, und wenn das Fenster unten ist, wird rausgeschrien. Am nächsten Tag erzählt mir jemand, dass sie mich für einen Personenschützer von de Maizière gehalten haben.

Wir bummeln zu Fuß, begleitet von etlichen Sicherheitsleuten, eine Fußgängerzone entlang, werden von Deutschen erkannt, unterhalten uns, schütteln Hände, geben Autogramme und besprechen noch Strategisches für den nächsten Tag.

Der Sonntag beginnt mit einer Kranzniederlegung am Grabmal des Unbekannten Soldaten. Es folgen laut Protokoll ab 9.30 Uhr drei parallele Ministergespräche. Rainer Eppelmann trifft sich mit dem sowjetischen Verteidigungsminister Dmitri Jasow. In der sowjetischen Führungsriege muss Gorbatschow jedem seine Bedeutung geben. So ist der sowjetische Verteidigungsminister erst vor Tagen zum Marschall der Sowjetunion ernannt worden. Innerhalb der sowjetischen Militärführung gibt es Unzufriedenheit wegen des Zerfalls der Sowjetunion.

Beim Treffen der beiden Minister kann der Kontrast nicht größer sein – der mit sämtlichen Orden aufgetakelte Uniformträger und frisch gekürte Marschall der Sowjetunion begrüßt den zivil gekleideten Wehrdienstverweigerer und Friedenspfarrer Rainer Eppelmann. Kein Wunder, dass die Russen keine Lust auf ein Foto haben. Die mitgereisten Journalisten sind verblüfft, als ihnen von sowjetischer Seite mitgeteilt wird: »Keine Kameras.« Als ein sowjetisches Kamerateam plötzlich im Verteidigungsministerium erscheint und filmen darf, bleibt den DDR-Teams nur der Humor: »Die Russen filmen aus Dokumentationszwecken.«

Da ich nicht bei allen drei Ministertreffen gleichzeitig sein kann, werden die Journalistengruppen jeweils von Mitarbeitern meines Regierungssprecheramtes betreut. Noch bevor ich durch die Journalistenbetreuer von der Bildersperre bei Jasow erfahre, nimmt mich unser Protokollchef Jahsnowski vertraulich zur Seite und erzählt, was die Russen vorhaben. Woher er seine Informationen hat, weiß ich nicht. Es zeigt mir aber, dass es richtig war, während des Fluges die Nähe dieses Mannes zu suchen. Er ist ausgezeichnet vernetzt und als Protokollchef absolut loyal.

Die sowjetische Militärführung hat noch einen anderen Grund, auf Eppelmann böse zu sein. Er hatte sich vor dem Besuch mit seinem Bonner Kollegen Gerhard Stoltenberg am Rhein getroffen, wovon man in Moskau verärgert Kenntnis genommen hatte. Jasow spricht den aus seiner Sicht eigenmächtigen Bonn-Besuch direkt an. Die DDR gehöre nach wie vor dem Warschauer Vertrag an, die Sowjetunion als Führungsmacht schätze derlei Alleingänge nicht. Jasow gibt zu verstehen, dass er genau Bescheid wisse, worüber in Bonn gesprochen worden sei.

Im Zentrum des Gesprächs steht die Frage der Bündniszugehörigkeit eines vereinten Deutschlands. Noch schwirren viele Vorschläge, die teils als Testballons gestartet worden sind, durch die politischen Lager. Jasow stellt grundsätzlich klar, dass ein NATO-Deutschland das Kräfteverhältnis in Europa verschieben und die internationalen Beziehungen destabilisieren werde. Eppelmann greift noch einmal den eigentlich schon ad acta gelegten Vorschlag Schewardnadses von einer Doppelmitgliedschaft in NATO und Warschauer Vertrag auf. Es gehe darum, eine Kompromissformel zu finden, die beide Supermächte akzeptieren könnten.

In unserer Delegation war abgesprochen worden, in allen Gesprächen von einer sich verändernden NATO auszugehen.

Ein weiteres militärisches Thema ist die Stationierung der Westgruppe der Streitkräfte der UdSSR auf dem Gebiet der DDR. Das bereitet nicht nur finanzielle Sorgen, sondern auch vertragliche. Dem Stationierungsabkommen sind in der Vergangenheit immer wieder unzählige Folgedokumente hinzugefügt worden. Die einzelnen Dokumente sind in alle Winde verstreut und teilweise nicht einmal mehr auffindbar. In der Frage der Lufthoheit legt der Oberkommandierende der Sowjetarmee unverändert die militärische Nutzung des Luftraums der DDR fest. Die zivile Luftfahrt habe sich danach zu richten. Außerdem gibt es Probleme bei der Vernichtung der

Raketenkomplexe »Oka«, im Westen SS-23 genannt. Die Kurzstreckenraketen waren 1985 in der DDR stationiert worden. Obwohl sie nicht Bestandteil des 1987 zwischen den USA und der UdSSR geschlossenen INF-Vertrages waren, hatte die DDR-Regierung beschlossen, die Raketen bis Ende 1990 zu vernichten. Die Startrampen waren bereits unbrauchbar gemacht worden, bei den Raketen selbst gab es ernste Schwierigkeiten. Aus ökologischen und aus Sicherheitsgründen war es unmöglich, sie einfach zu sprengen, denn kein Feuerwerker der DDR kannte die Zusammensetzung des Raketentreibstoffs. Die Bitte der Amerikaner an uns lautete darum, die Sowjets zu veranlassen, die 24 im Bestand der NVA befindlichen Raketen in der UdSSR vernichten zu lassen.

Mit dieser Initiative soll die DDR eine aktive Mittlerrolle einnehmen.

Für Lothar de Maizière steht nach der Kranzniederlegung bis zum Treffen mit Gorbatschow um 11 Uhr nichts im Protokoll. Also plant de Maizière sich die Freiheit zu nehmen und am Gespräch zwischen Markus Meckel und Eduard Schewardnadse teilzunehmen, um sich auf das Treffen mit Gorbatschow vorzubereiten. Das gefällt Meckel nicht. Aber daraus wird nichts. Für Lothar de Maizière und seinen engsten Kreis haben die Sowjets plötzlich eine Führung durch den Kreml vorgesehen.

Es gibt dadurch keine Möglichkeit, dass de Maizière vor dem Treffen mit Gorbatschow über Inhalt und Atmosphäre des Gesprächs der beiden Außenminister informiert werden kann. Außerdem ist das Zeitfenster sehr klein, und uns ist klar, dass wir absichtlich am

Informationsaustausch gehindert werden sollen. Wir beratschlagen am Eingang des Kremls. Die Autos stehen noch da. Ich biete an, dass ich auf den Kremlrundgang verzichte und mich stattdessen mit einem der Delegationswagen ins Außenministerium bringen lasse.

Nach einer kurzen Diskussion sind die Russen dazu bereit. Ich steige in eine Limousine aus der Kolonne und mit Blaulicht und zwei zusätzlichen Begleitwagen rasen wir durch Moskau zum Weißen Haus, dem Außenministerium. Ich treffe rechtzeitig ein. Wir warten in einem größeren Foyer und betreten schließlich einen sehr gefüllten Verhandlungsraum. Für mich ist kein Platz vorgesehen, weil niemand mit mir gerechnet hat. Dann wird mir an der Tafel ein Stuhl angeboten. Ich setze mich. Markus Meckel sieht mich und macht einen etwas zerknirschten Eindruck. Er fühlt sich kontrolliert.

Schewardnadse beeindruckt mich. Aus seinen Worten spricht tiefer Ernst. Es sei die verantwortungsvollste Periode in ganz Europa, so seine Ausführungen, und das Schicksal unserer Kinder und Enkel hänge davon ab, welche Beschlüsse in der heutigen Zeit gefasst würden.

Während Markus Meckel immer vom auszuhandelnden Vier-plus-Zwei-Vertrag spricht, gebraucht Eduard Schewardnadse feinfühlig nur die Zahl Sechs. Er gibt zu verstehen, dass er allen Verhandlungspartnern den gleichen Rang einräumt, die gleiche Verantwortung und die gleichen Aufgaben bei der außenpolitischen Lösung der deutschen Einheit zumisst. Er spricht sehr offen über die vielen Besorgnisse, die sie hätten. Und dann warnt er mit heiserer, rauer Stimme, für die er sich entschuldigt, die das Ganze aber umso feierlicher macht, vor allzu euphorischen Erwartungen. Noch sei der Rüstungswettlauf auf der Welt nicht gestoppt, militärische Konflikte könnten sich verlagern und die Sicherheitsstrukturen in Europa seien keinesfalls herausgebildet. Man könne lediglich von positiven Tendenzen sprechen, müsse dabei aber immer den Blick auf die Realitäten bewahren.

Das Streben nach Demokratie sei eine wunderbare Sache, was aber, wenn es da und dort nicht klappe, die Umgestaltung nicht funktioniere, die einen den anderen vielleicht voraus wären? Es könnte Frustration auftreten. »Bedeutet das nicht Destabilisierung?«

Dann spricht Eduard Schewardnadse von seinem Land. »Fünf Jahre gehen wir schon den Kurs der Umgestaltung. Er ist sehr kompliziert. Wir durchleben, ich sage es ganz offen, schwere Zeiten. Konflikte liegen besonders auf dem sozialen Gebiet. Wir müssen unerwartete Ereignisse einkalkulieren.«

Sodann schneidet er Aspekte der wirtschaftlichen Vereinigung Deutschlands an. »Unsere Experten haben sich das angeschaut. Wir haben ein Schreiben übergeben, das unsere Bedenken auflistet.«

Er meint wohl das Non Paper.

Schewardnadse geht auf die ökonomische Verflechtung beider Länder ein und kommt auf die Kernfrage des Staatsbesuchs zu sprechen. Er stellt klar, dass ein Verbleib ganz Deutschlands in der NATO inakzeptabel sei. Ein entscheidender Punkt bei der Lösung dieser Frage wäre, ob das zukünftige Deutschland Sicherheits- oder ein Risikofaktor sei. Er spricht auch die Möglichkeit an, dass ein

Gesamtdeutschland »militärisch blockfrei« sein könnte und rein defensiv ausgerüstet werde. Diesen Vorschlag hatte er kurz vor unserem Besuch in einem Interview mit der *Irish Times* gemacht.

Die mit Markus Meckel abgesprochene Haltung der DDR-Seite ist es, daran zu erinnern, dass es aufgrund der Erfahrungen mit der deutschen Geschichte auf keinen Fall ein neutrales, blockfreies Deutschland geben dürfe. Das hat Markus Meckel auch versucht, der sowjetischen Seite zu vermitteln.

Das Gespräch wird drei Stunden dauern. Ich stehe – ungeachtet des Protokolls – schon nach einer reichlichen Stunde vom Verhandlungstisch auf und verlasse den Raum, rufe meine drei Autos herbei und jage zurück zum Kreml. Die Russen haben Order, mit mir Umwege zu fahren, um Zeit zu schinden. In meinem Schulrussisch greife ich ein und bitte nachdrücklich, so schnell wie möglich zum Kreml zu fahren. So gelingt mir der Anschluss an de Maizière, der seinen Kremlrundgang gerade beendet hat. Den Weg zur Residenz Gorbatschows nutze ich, um dem Ministerpräsidenten ausführlich über das zu berichten, was die Außenminister besprochen haben. Zeit ist genügend, denn wir müssen viele Prunksäle durchlaufen und landen in einem runden Saal vor dem Arbeitszimmer des Präsidenten.

Als Gorbatschow das Foyer betritt, entdecke ich an seiner Seite einen Herrn, der ebenfalls mit am Verhandlungstisch im Außenministerium gesessen hat und der vorfristig, aber nach mir das Außenministerium verlassen haben muss, um Gorbatschow zu informieren.

Nach dem Händeschütteln mit Gorbatschow holt de Maizière ein Stück Mauer aus der Tasche und reicht es seinem Gegenüber. Der DDR-Premier bedankt sich für die Veränderungen, die Gorbatschow eingeleitet hat und die mit dazu beigetragen haben, dass die Mauer fallen konnte. Von besonderer Bedeutung, so Lothar de Maizière, sei der epochemachende Satz Gorbatschows: »Wer zu spät kommt, den bestraft das Leben.«

»Müssen wir nicht alle davon ausgehen, in Vielem zu spät gekommen zu sein?«, entgegnet Gorbatschow. Dann schaltet er um, wird hart und diktiert seine Bedingungen für die deutsche Einheit: kein Beitritt nach Artikel 23 des Grundgesetzes und keine NATO-Mitgliedschaft. Er fordert, dass die DDR alle wirtschaftlichen Verpflichtungen gegenüber seinem Land erfülle. Zudem verlangt er die Anerkennung der Eigentumsordnung, die in der sowjetischen Besatzungszone und später in der DDR nach dem Krieg geschaffen wurde. Er meint, dass die Bodenreform, mit der die Großgrundbesitzer enteignet wurden, nicht rückgängig gemacht werden dürfe.

De Maizière, den der Gang bis zu Gorbatschows Büro durch die Zarensäle schon wütend gemacht hatte, hält verärgert gegen. Er fühlt sich wie ein Befehlsempfänger behandelt, was er ablehnt. Er sei frei gewählt worden und wisse etwa siebzig Prozent der Volkskammerabgeordneten hinter sich. Gorbatschow könne weder das eine noch das andere von sich behaupten.

Gorbatschow reagiert aufgebracht und äußert das auch unmissverständlich. Danach rudert er zurück und versucht de Maizière für sich zu gewinnen. Er zweifle an der Kompetenz des Bundeskanzlers und meine, dass Kohls Pläne undurchführbar seien.

Es scheint, dass die Russen über das angespannte Verhältnis zwischen de Maizière und Kohl gut informiert sind. Augenscheinlich versucht Gorbatschow, einen Keil zwischen die beiden Regierungschefs zu treiben.

In Hintergrundgesprächen informiere ich bereits während des Besuchs laufend die mitgereiste Presse. Ich lasse dezent durchblicken, dass die Sowjets uns alle möglichen Bedingungen diktieren. Dann setzen wir eine Pressekonferenz mit Lothar de Maizière an. Wir haben uns zwar abgestimmt, jedoch wird der Auftritt de Maizières vor der nationalen und internationalen Presse ein emotionaler Drahtseilakt. Er war mit einer völlig anderen Erwartungshaltung nach Moskau gekommen. Das lässt er sich auch anmerken. Die Pressekonferenz vor den reichlich versammelten Journalisten im Moskauer Pressezentrum wird zur unerschrockenen Präsentation eines sehr entschiedenen, selbstbewussten deutschen Demokraten, dessen Sätze dem Kreml so nicht gefallen haben dürften. Gorbatschow hat das jedoch heraufbeschworen.

Die Zeitung *Die Welt* resümiert in ihrer Ausgabe am 2. Mai 1990, dass es Ministerpräsident de Maizière und seinen Ministern in Moskau nicht gelungen sei, Verständnis für die Bündniszugehörigkeit Deutschlands zur NATO herbeizuführen. Auch der Verweis auf den Koalitionsvertrag der DDR-Regierenden mit dem Wunsch nach einer veränderten NATO ohne nuklearen Ersteinsatz und der Abschaffung der sogenannten Vorneverteidigungsstrategie habe in Moskau nicht überzeugt. Lothar de Maizière wird mit dem Satz zitiert: »Es war ein Dissens erkennbar, daran müssen wir noch arbeiten.«

Es war mehr als das. Der erste Besuch in der Sowjetunion war das Aufeinandertreffen der freien auf die diktatorische Welt. Die Entwicklung in Deutschland hatte Gorbatschows Denken überholt.

Wie angespannt die Lage während des Besuchs in Moskau ist, wird auch beim Treffen mit dem Ministerpräsidenten der UdSSR und seinen Experten am Nachmittag des 29. April deutlich. Das Gespräch findet in einem langen schmalen Raum statt. Der Tisch, an dem wir sitzen, füllt das ganze Zimmer und ist so lang und schmal wie der Raum. Die beiden Ministerpräsidenten sitzen sich dicht gegenüber. Mein Platz ist am oberen Ende der Tafel. Am unteren Ende sehe ich unseren Wirtschaftsminister Gerhard Pohl. Alle mitgereisten Minister nehmen teil. Trotz der Nähe kommt keine Gemütlichkeit auf. Die Atmosphäre ist frostig.

Der Vorsitzende des Ministerrates der Sowjetunion Nikolai Iwanowitsch Ryschkow klammert gleich am Anfang einen möglichen Punkt aus: Deutschland in der NATO. Man sollte sich auf drei andere Gesprächsthemen konzentrieren: auf die bilateralen Beziehungen, auf die Auswirkungen der Wirtschafts-, Währungs- und Sozialunion auf den Handel mit der UdSSR und drittens auf die Rolle der Bundesrepublik in der Übergangsperiode. Lothar de Maizière weist darauf hin, dass er für das letztgenannte Gesprächsthema nicht zuständig sei, denn er sitzt hier als Vertreter der DDR und nicht der Bundesrepublik. Die angespannte Atmosphäre erreicht nach einer halben Stunde ihren Höhepunkt. Ryschkow schaut sein Gegenüber vorwurfsvoll an: »Was sagen Sie zu den Informationen, die uns zugetragen wurden, dass die DDR ab Sommer 1990 ihre Erdgasimporte aus der Sowjetunion beschränkt oder sogar einstellen wolle?«

De Maizière bleibt ruhig und fragt zurück: »Woher haben Sie diese Informationen?«

Ryschkow: »Von unserer Botschaft auf der anderen Seite der Mauer.«

De Maizière wartet kaum die Übersetzung ab: »Wenn Sie mit uns verhandeln, dann sollten Sie daran denken, dass Sie auch auf unserer Seite der Mauer eine Botschaft haben.« Er setzt nach und verweist an das äußere Ende der Tafel: »Im Übrigen sitzt da unser Wirtschaftsminister, der soeben Verträge unterzeichnet hat, mit denen der Erdgasimport aus der Sowjetunion intensiviert wird.«

Ryschkow tuschelt mit seinen Beamten, es sieht ganz nach Verärgerung und Tadel aus. Es könnte sogar eine Falle sein, in die er hineingetappt ist – was uns die Dolmetscherin später bestätigt. Wir schauen uns an und sagen kein Wort. Mit einem Mal wird Ryschkow locker. Das Eis scheint gebrochen. Das Gespräch wird unkonventionell und sogar witzig. Wir reden über sich anbahnende weitere Wirtschaftsabschlüsse. Die Begegnung dauert nun eine halbe Stunde länger als geplant. Es gibt vor der Verabschiedung noch ein ungezwungenes Gespräch im Stehen, etwas zu essen und zu trinken.

Bei der Recherche zu diesem Kapitel stoße ich auf einen aktuellen Zusammenhang. Bekannt ist, dass nach dem Zweiten Weltkrieg aus Truppenteilen der 1. Belorussischen Front, der 2. Belorussischen Front und der 1. Ukrainischen Front bis 1947 insgesamt 1,5 Millionen Soldaten der Sowjetarmee in Ostdeutschland geblieben sind. Danach lag die Zahl ständig um etwa 350.000 Soldaten. Während der ersten Berlin-Krise 1948, des Koreakrieges und des Volksaufstandes in der DDR 1953 wurden die Besatzungstruppen zeitweilig verdoppelt. Die sowjetischen Streitkräfte in der DDR waren durchweg offensiv bewaffnet. 1990 waren es noch 4.200 Panzer, 700 Kampfjets und 677.000 Tonnen Munition, über die im Rahmen des Vier-plus-Zwei-Vertrages verhandelt werden musste. Auch Atomwaffen gehörten zum Arsenal der Angriffsstrategie. Der Krieg sollte auf das Territorium des Gegners getragen werden.

Der Abzug der etwa 340.000 Sowjetsoldaten, der bis Ende 1994 erfolgen sollte, hatte seinen Preis. Aus den zunächst geforderten 18,5 Milliarden DM wurden schließlich die von Kohl angeblich im Kaukasus, aber zuvor in Moskau ausgehandelten 15 Milliarden DM – für Umschulungen, Transport und neue Wohnungen. Geld verschwand teilweise in korrupten Kanälen. Wohnungen wurden nicht gebaut, weil beauftragte türkische Baufirmen bankrott gingen. Und in die dann von südkoreanischen Firmen fertiggestellten Häuser zogen oft nicht die Heimkehrer aus Deutschland ein, für die sie gedacht waren. Unter den errichteten Soldatensiedlungen war beispielsweise Bogutschar. Die Kleinstadt im Oblast Woronesh an der ukrainischen Grenze wurde mit deutschem Geld zur Garnison ausgebaut und ist heute unmittelbares Hinterland im Krieg gegen die Ukraine

Der Protokollchef

Brüssel – Vorzimmer von Jacques Delors, dem Präsidenten der Europäischen Kommission. Der EU-Präsident und der Ministerpräsident der DDR haben sich zu einem Gespräch zurückgezogen. Ich sitze vor der Tür auf einem goldverzierten, unbequemen Stuhl und werde mit Getränken, Obst und Konfekt versorgt. Im ansonsten so beschleunigten Alltag fühle ich mich wie aus dem Rennen genommen. Die Papiere und Unterlagen vom Presseamt, die mir auch bei Auslandsaufenthalten gereicht werden, sind schnell durchgelesen. Der Abend scheint lang zu werden.

Mit im Raum sind nur Bedienstete. Sie erinnern an Höflinge aus der Barockzeit. Mit krummem Rücken erkundigen sie sich, ob sie mir etwas Gutes tun könnten. Ich bekomme ein schlechtes Gewissen und nasche aus Höflichkeit.

Als gehöre er zur Dienerschar, steht unauffällig unser Protokollchef Franz Jahsnowski in einem Türrahmen und lächelt mir aufmerksam zu. Ich bitte ihn, sich zu setzen. Zwischen unseren beiden Stühlen steht ein kleiner Tisch an der Wand. Wir sind geübt, einander zuzuhören. Erste tiefere Gespräche mit ihm hatte ich während des Staatsbesuches in der Sowjetunion im April 1990. Jahsnowskis neugierige, geduldig schauende und beobachtende braune Augen wirken intelligent. Sein Kopf ist voll von Idealen und Visionen. Eigentlich passt er nicht in die Politik. Er passt nirgends wohin. Zurückhaltung ist sein Rezept, sicher, höflich und würdig über den Systemen zu stehen. Es ist sein Charakter – vielleicht mit etwas Selbstverleugnung.

Franz Jahsnowski wurde 1930 in Frankreich geboren. Sein Vater war Deutscher und seine Mutter Polin. Er sagt heiter: »Ich bin ein Mischmasch.« Er sei in Deutschland »erzogen und ausgebildet« worden. Das sagt er mit Stolz und Trauer. Es klingt irgendwie heimatlos.

Jahsnowski ist der internationalste Mensch, den ich kenne. Der gelernte Diplomat spricht Deutsch, akzentfrei Polnisch und Französisch. Diese drei Sprachen sind ihm in die Wiege gelegt. Insgesamt kommuniziert er in sieben Sprachen fließend, darunter Russisch, Chinesisch und Vietnamesisch. In vielen weiteren Sprachen – man sagt zwölf – kann er, wie er selbst sagt, sich »nur« verständigen. Franz Jahsnowski dolmetscht in fast allen Ländern der Welt, insbesondere in den USA, Großbritannien, Frankreich und im ganzen Ostblock. Siebzehn Jahre lang ist er als Protokollchef für Walter Ulbricht und Erich Honecker unter Vertrag. Zuvor arbeitete er an der DDR-Botschaft in Hanoi. Nach und nach wird er durch sein Übersetzen mit Ho Chi Minh vertraut, dem Präsidenten Nordvietnams und Unterstützer der Vietcong, der Nationalen Front für die Befreiung Südvietnams. Ho Chi Minh nimmt den loyalen Feingeist in seinen engeren Kreis auf und macht ihn schließlich zu seinem Privatsekretär. Jahsnowski streitet dies ab. »Ich war nur sein Dolmetscher.«

Jeder andere würde jetzt Geschichten über Geschichten erzählen. Aber Jahsnowski schweigt, weil Schweigen zu seinem Handwerk gehört. Es gehört inzwischen auch zu seinem Wesen. Wir reden zuweilen darüber, was das Reden über andere mit den Redenden selbst anstellt, darüber, dass sich jedes Wort über andere mit einem selbst verbindet.

Wenn Jahsnowski spricht, sucht er konzentriert nach Worten – überlegt mit den Augen, schmeckt die Worte noch im Mund ab wie ein Koch mit der Zunge. Man muss aufpassen, dass man keinen verächtlichen Blick kassiert, wenn man nur mal nebenbei nach einer Person fragt. »Mit Fragen offenbaren wir uns und zeigen, woran wir interessiert sind«, sagt er. Jahsnowski braucht – wie in Asien – zuerst eine Vertrauensbasis, um offen reden zu können. Wenn er spricht, muss er überzeugt davon sein, dass es richtig ist, jetzt zu reden. Es muss für ihn unbedingt Sinn ergeben und nichts darf nur vordergründig sein. Auf andere Regeln lässt sich der Diplomat nicht ein.

Als Regierung haben wir Honeckers Protokollchef und seinen Stab übernommen – offiziell aus Wertschätzung, inoffiziell, weil der Laden einfach weiterlaufen musste. Die Geschichte kennt keine Stunde Null. Das geht nur mit fähigem Personal. Mancher Altbundesbeamte hätte es lieber anders gehabt. Wir mussten den Beratern von drüben immer wieder erklären, warum wir Menschen des alten Apparates übernommen haben. Jahsnowski steht für viele Meister ihres Fachs, die plötzlich systementwurzelt zwischen den Welten schwebten und ihren Glauben an den Sozialismus überprüften. Kaum jemand aus dem engeren Kreis um Lothar de Maizière ist an Jahsnowski als Person interessiert. Zudem ist er, wie schon erwähnt, leicht zu übersehen. Wie ein unsichtbarer Geist richtet er die Dinge hinter den Kulissen. Selbst wenn er versehentlich auf irgendeinem Pressefoto auftaucht, bringt er es kaum in die Bildunterschriften oder es steht irgendwelcher Unsinn dort.

Nach und nach entwickelt sich an diesem Abend in Brüssel ein Dialog über das Handwerk der versteckten Diplomatie. Wir reden über die, die still und zuweilen sogar unabhängig ein Netz weben, das den Rampenlichtpolitikern Sicherheit bietet – ein gerade in der Demokratie unterschätzter Service. In der Diplomatie arbeiten oft die intelligenten Leisen für die Polterer, die Erfahrenen für die nur für eine Legislaturperiode Gewählten, die Ausgebildeten für die Ungeschulten. Entgegen seiner sonstigen Zurückhaltung lässt Jahsnowski das an jenem Abend durchblicken. Er schildert seinen Job als von politischen Systemen unabhängiges Handwerk. Die Protokollchefs verschiedener Länder seien untereinander eng vertraut, so Jahsnowski. Er redet von Verbindungen, die über alle politischen Grenzen hinweg geknüpft würden: »Wir sind alle untereinander per Du. Wir bereiten nicht nur Staatsbesuche vor, sondern stabilisieren die Politik. Wir verkaufen die Stärken unserer Dienstherren und kaschieren ihre Schwächen. Dabei helfen wir uns gegenseitig, ohne dass wir darüber reden. Ist es notwendig zu reden, reden wir so, als hätten wir nicht darüber gesprochen. Die Atmosphäre ist absolut vertraut.«

Ich will wissen, inwieweit man neutral dolmetschen kann oder ob Politiker, für die man arbeitet, erwarten, dass man auf ihrer Seite steht.

Jahsnowski schlägt die Beine übereinander und lächelt. »Als Dolmetscher ist man ein Werkzeug, aber wir dürfen nicht als ein solches wirken.«

Ich frage: »Was geschieht beim Dolmetschen?«

»Wenn jemand nur dolmetscht und sich nicht hingibt, dann bleibt das etwas Mechanisches und bewirkt wenig.«

»Das heißt, Sie sind auch immer ein Stück Franzose gewesen, wenn sie Französisch gedolmetscht haben?«

»Genau so ist es. Ich fühle mich dann als Franzose.«

»Geht mit solcher Einstellung nicht Neutralität verloren?«

»Nein. Neutralität braucht man, und sie bleibt. Sie findet sich anders.«

»Wie ist das zu verstehen?«

»Sehen Sie, man übersetzt nie nur Worte, sondern bewegt sich in einer anderen Kultur. Also versuche ich, wenn ich zum Beispiel in der vietnamesischen Sprache übersetze, mich auch vietnamesisch zu benehmen. Auch die Vietnamesen haben Eigenarten, nicht nur wir.«

Wir lachen beide. Selbst im Lachen wirkt Franz Jahsnowski protokollarisch zurückhaltend, obwohl wir jetzt nur zu zweit sind. »Inwieweit konnten Honecker, die DDR-Politiker und schließlich auch die hiesigen Dolmetscher sich in andere Kulturen hineindenken?«

»Unsere Leute, das muss ich leider sagen, haben sich nie identifiziert mit dem Land, dessen Sprache sie benutzten. Wenn ein Deutscher mit einem Vietnamesen spricht, gibt es gewisse Möglichkeiten zu zeigen, dass er ihn achtet. So etwas suchten unsere Leute gar nicht.«

Ich sehe Bedauern und auch ein wenig Scham in seinen dunklen Augen. »Sie reduzierten sich wirklich allein auf das Werkzeug. Sonst war da gar nichts.«

»Ist das nicht etwas grob?«

Jahsnowski überlegt, lehnt sich zurück und antwortet vorsichtig diplomatisch: »Grob ist ein bisschen zu hart gesagt, obwohl es so wirkt. Ich würde eher sagen, es ist unpersönlich. Es sind verpasste Chancen.«

»Hat das was mit Bildung zu tun? War vielleicht die DDR-Führung insgesamt nicht gebildet genug?«

»Ja, damit hat es zu tun.«

»Bleiben wir bei den Dolmetschern.«

Jahsnowski ist diesmal entschlossen schnell mit seiner Antwort: »Die sind nicht immer so ausgebildet worden, wie man sie dann einsetzte.«

»Hatte das Folgen?«

»Es bestand immer das Risiko, dass es dadurch zu Missverständnissen und Verwerfungen kommt.«

Meine Neugier steigert sich. Ich frage direkt nach dem ehemaligen Staatsratsvorsitzenden: »War Erich Honecker diplomatisch?«

Jahsnowski lehnt sich zurück, hebt ein Knie etwas an, umfasst es mit beiden Händen, beugt sich mit dem ganzen Körper nach vorn, wiegt wieder zurück und antwortet: »Erich Honecker gehörte zu denen, die protokollarisch völlig unbeleckt waren.« Jahsnowski stockt und legt erklärend nach: »Manchmal wirkte Erich Honecker plump.«

Ich bin überrascht und hätte diese Offenheit nicht erwartet. Es klingt so, als habe er sich zum ersten Mal etwas von der Seele geredet, worunter der weltgewandte, intelligente Menschenkenner jahrelang gelitten hat.

»Honecker blieb immer im Allgemeinen. Er hat niemals den persönlichen Kontakt zu einem Partner gesucht, auch nicht zu seinen Dolmetschern.«

Über Honecker erzählt Jahsnowski weiter, dass es bei Staatsbesuchen sehr auf das Gegenüber ankam. Zuweilen habe Honecker schon im Vorfeld große Komplexe gehabt. Das galt es von seiten des Protokolls zu berücksichtigen. Jahsnowski habe in aller Vorsicht Honecker und andere DDR-Politiker ermutigt, frei zu sprechen. Jedoch fiel Honecker immer wieder in seine Textabhängigkeit zurück. Oft habe er sklavisch vor jeder Begegnung und jeder Rede noch einmal seinen Zettel hervorgeholt, den er dann schließlich einfach nur vorgelesen hat.

Die Beziehung zwischen Honecker und Gorbatschow sei problematisch gewesen. »Es bestand eine fast unüberbrückbare Kluft.« Nicht nur von den progressiven Ideen her, die Gorbatschow im Kopf hat und die das Weltbild Honeckers überforderten, sondern auch intellektuell sei der Neue aus der Sowjetunion dem deutschen Altkommunisten hoffnungslos überlegen.

Jahsnowski: »Gorbatschow hat einen riesigen Wortschatz, kann exzellent formulieren und weiß um diesen Vorteil. Außerdem versteht er recht gut deutsch.« Diese Überlegenheit sei allgegenwärtig gewesen, und Honeckers Komplexe waren es auch. Zudem sei Gorbatschow selbstverliebt. Er koste narzisstisch seine Überlegenheit genüsslich aus. Jahsnowski redet im Ton des Bedauerns. Dieser Kontrast sei diplomatisch und protokollarisch nie überbrückbar gewesen. Das Netzwerk der Protokollchefs war an seine Grenzen gekommen.

Noch einmal frage ich, ob es vielleicht irgendwann einmal eine Annäherung zwischen Honecker und Gorbatschow gegeben habe. Jahsnowski bleibt dabei: »Die Beziehung der beiden war kompliziert bis zum Schluss.«

»Wie viel Anteil daran hatte Gorbatschow?«

»Gorbatschow war ein schwieriger Mensch. Mit ihm musste man per Du sein, dann war manches zu machen. Ansonsten war alles gekünstelt und gespielt.«

»Hatte Gorbatschow in seinem eigenen Laden genügend Rückhalt?«

»Er war der Chef. Er blieb der Chef. Er spielte den Chef.«

»Das ist ja auch für einen Dolmetscher nicht leicht?«

»Dieses Unechte macht es einem Dolmetscher sehr schwer. Du kannst dich nicht richtig hineinfühlen.«

»Inwieweit kommt man da in die Klemme?«

»Solche Menschen reden einfach los. Sie missachten den Dolmetscher völlig und reden so, als würde der andere ihn sofort verstehen. Sie vergessen, dass erst einmal übersetzt werden muss.«

»Redet ein Dolmetscher dann einem solchen Staatsmann nach dem Mund?«

Jahsnowski hält inne und besinnt sich wohl darauf, dass er mir schon zu viel gesagt habe, redet aber dann doch. »Ich kenne Gorbatschow nicht von früher und habe ihn erst kennengelernt, als er eine politische Rolle spielte. Ich habe mitbekommen, wie er sich im Russischen und im Deutschen ausdrückt und sich in den Sprachen differenziert bewegt. Und er spricht gar nicht so schlecht deutsch. Trotzdem ist da ein großer Unterschied. Wenn er sein Russisch einsetzt, dann ist es besser, wenn er sich übersetzen lässt. Denn jeder Übersetzer versucht nicht nur wortwörtlich zu übersetzen, sondern auch die Mentalität des Betreffenden herauszustellen.«

»Ist Gorbatschow zu seinen Leuten streng?«

»Ja.«

»Im Stil der alten Sowjetunion?«

»Das würde ich nicht sagen. Gorbatschow ist eitel. Er hat eine sehr gute Ausdrucksweise, und das spielt er jedem gegenüber aus.«

Wir werden unterbrochen. Die Tür geht auf. Es ist bereits weit nach Mitternacht. Schluss mit Rückblende und Philosophie der Diplomatie. Franz Jahsnowski wickelt seinen Protokollablauf ab. Ich rede mit Lothar de Maizière und schreibe eine Pressemeldung.

Franz Jahsnowskis Sprachgewandtheit und seine Diskretion werden ihm nach 1990 weiterhelfen, nicht ganz ohne Job dazustehen. Die Regierenden des vereinten Deutschlands wollen ihn nicht mehr. Sie wickeln ihn ab. Er sucht nach Arbeit auf Honorarbasis, dolmetscht für Wirtschaftsunternehmen und betreut Reisegruppen. In Vorbereitung auf dieses Buch besuche ich ihn im Herbst 2017. Franz Jahsnowski stirbt zurückgezogen im Januar 2018 in einem Heim in Berlin-Karlshorst.

Die Stellvertreterin

»Ich brauche einen Stellvertreter«, sage ich zu Lothar de Maizière. Er schaut mich genervt an. Die Regierung steht. An einen Stellvertretenden Regierungssprecher hat niemand gedacht. »Hat sich die SPD gerührt?«

De Maizière weiß nicht, was ich meine. Seine Gedanken sind woanders.

»Als zweitstärkste Kraft in der Koalition müsste die SPD eigentlich einen Stellvertretenden Regierungssprecher stellen. Das ist so üblich.«

»Kann das auch anders geregelt werden?«, fragt er.

»Wenn die SPD bis jetzt keinen Anspruch auf diesen Posten gestellt hat, dann sollten wir selbst jemanden vorschlagen, den sie akzeptieren müssen und um den wir keinen großen Wind machen.«

Wir werden unterbrochen. Ich gehe ins Vorzimmer. Dort stehen Thomas de Maizière und Hans-Christian Maaß. Ich sage auch ihnen: »Den Stellvertretenden Regierungssprecher haben sie vergessen. Die SPD hat es gar nicht auf dem Plan. Wieso nehmen wir nicht jemanden aus den eigenen Reihen?«

Hans-Christian Maaß ist begeistert und hat sofort eine Idee: »Wir saßen doch kürzlich im ›Newa‹ mit einigen Leuten vom Demokratischen Aufbruch. Soll ich deren Pressedame mal ansprechen?«

Ihren Namen weiß keiner in der Runde.

Hans-Christian Maaß sitzt mir in meinem großen Büro gegenüber, auf einem Stuhl, den er sich wieder in die Mitte gestellt hat, und berichtet, dass er jetzt Kontakt mit dieser Angela Merkel habe. »Ich habe mit ihr gesprochen. Sie überlegt es sich noch.«

»Sie überlegt es sich noch?«

»Ja, sie weiß nicht genau, ob das was für sie sei.«

»Wie ist die Frau zum DA gekommen, und was hat sie da bislang gemacht?«

Dann erzählt mir Hans-Christian Maaß, was er in Erfahrung gebracht hat. Sie käme aus einem Pfarrhaushalt, wäre Physikerin, hätte das Büro beim DA einigermaßen gut geführt und die Dinge am Laufen gehalten. Insbesondere sei sie eine Stütze gewesen, gerade in der Zeit kurz vor der Wahl, in der die Stasimitarbeit des Parteivorsitzenden Wolfgang Schnur alle arg mitgenommen hätte. Sie sei eine überaus loyale Frau und fleißige Mitarbeiterin. Das hätte auch Rainer Eppelmann gesagt, der zunächst kommissarisch den DA nach außen vertrat.

Hans-Christian Maaß schwärmt diesmal nicht. Er findet sie einfach nur »solide« und meint: »Die musst du dir selbst ansehen.«

Das mache ich und produziere eine Gedächtnislücke. An die erste Begegnung mit Angela Merkel kann ich mich nicht mehr erinnern. Merkel lässt Hans-Christian Maaß und auch mich auf eine Entscheidung warten. Ich verstehe das. Es passt in die Zeit. In jenen Tagen werden Weichen fürs Leben gestellt. Außerdem ist noch alles im Fluss, auch die Beschreibung dieser Stelle. Meine Sorge ist eine andere: Immer noch denke ich, dass die SPD erwacht und die Stellvertretung im Regierungssprecheramt doch noch für sich reklamiert. Aber die Herren Schröder, Thierse, Meckel, Böhme & Co sind viel zu sehr mit sich selbst beschäftigt. Die SPD reagiert nicht. Obwohl die SPD an anderer Stelle schon bewusst oder unbewusst nachgegeben hatte. Der politischen Arithmetik folgend hätte sie als zweitgrößter Koalitionspartner z. B. Anspruch auf den Posten des stellvertretenden Ministerpräsidenten gehabt. Dieses Amt bekleidet jetzt DSU-Innenminister Diestel. Bezüglich Merkel sollten wir so schnell wie möglich Fakten schaffen.

Dabei ist eine mögliche Besetzung mit jemandem vom Demokratischen Aufbruch eine Provokation. Der DA ist mit einem marginalen Wahlergebnis von 0,9 Prozentpunkten der kleinste Koalitionspartner in der Regierung. Nur durch die Zugehörigkeit zum konservativen Wahlbündnis »Allianz für Deutschland« haben sie Bedeutung. So wird ihnen mit dem bekannten bürgerbewegten Berliner Samariterkirchen-Pfarrer Rainer Eppelmann ein prominent besetzter Ministerposten zugestanden – das Ministerium für Abrüstung und Verteidigung. Eigentlich kann man nur hoffen, dass niemand aus irgendeiner Partei und kein Journalist, der das thematisieren könnte, auf Angela Merkel aufmerksam wird.

Das ist fast unmöglich, da eine Stellvertretende Regierungssprecherin naturgemäß täglich in der Öffentlichkeit steht. Trotzdem schafft sie es mit leisen Schritten und ohne Widerspruch, nicht auf sich aufmerksam zu machen. Das liegt im Wesentlichen an ihrem zurückhaltenden und selbstlosen Charakter. Sie sucht nicht die

Öffentlichkeit, sie wird dann öffentlich, wenn es unbedingt notwendig ist.

Es gibt weitere Argumente, die für die Akzeptanz von Merkel sprechen. Sie befindet sich als Pfarrerstochter in guter Gesellschaft der unzähligen Kirchenleute, die sich plötzlich in einem Amt wiederfinden. Sie spricht oder schweigt deren Sprache. Zudem ist sie völlig unbekannt und steht nicht im Verdacht, irgendeinem ehrgeizigen Wendepolitiker die Show stehlen zu wollen. Dass sie eine Frau ist, ist ebenfalls von Vorteil, aber kein Einstellungskriterium.

Bei allen Besprechungen, Personalsichtungen und Strukturanpassungen sowie dem sofort auf Höchstleistung laufenden Politikbetrieb rückt bei mir die Besetzung der Stellvertretung in den Hintergrund. Dann liegt ein handschriftlicher Brief von Angela Merkel auf meinem Tisch, in dem sie mir mitteilt, dass sie mein Angebot annimmt. »Sehr geehrter Herr Gehler, nach kurzem Überlegen und Rücksprache mit meinem Vorsitzenden nehme ich das Angebot, stellvertretender Regierungssprecher werden zu können, dankend und gerne an.«

Ich habe keine Probleme damit, dass sie erst nach Ostern zur Verfügung steht. In Windeseile werden in diesen Tagen Posten besetzt. Da gibt es immer Umstände, die geordnet werden müssen. Ich frage nicht nach, wieso sie erst noch nach London fliegt. Hauptsache, sie fängt an. Als sie dann einige Tage nach der Vereidigung der neuen Regierung da ist, startet sie lautlos in ihre Karriere.

Angela könnte auch vom *Neuen Forum* oder vom *Bündnis '90* sein. Sie hat zwischen den Anzugträgern hier

9.4. 20^{00} Uhr

Sehr geehrter Herr Gehler,

nach kurzem Überlegen und Rücksprache mit meinem Vorsitzenden nehme ich das Angebot, stellvertretender Regierungssprecher werden zu können, dankend und gerne an.

Ich melde mich am Dienstag nach Ostern. Falls Sie dringende Botschaften für mich haben, hinterlassen Sie das bitte in der Pressestelle des DA, Friedrichstraße 165, Tel. 2292410 (Herr Butz). Ich werde dort am Donnerstag aus London versuchen anzurufen. Meine private Anschrift:

Angela Merkel
Schönhauser Allee 104
1071 Berlin, Tel. 4486476

Mit freundlichen Grüßen
Angela Merkel

Angela Merkel nimmt den Job an

im Ministerratsgebäude etwas Alternatives an sich. Ich will es wissen und frage: »Wieso hast du dich ausgerechnet dem Demokratischen Aufbruch angeschlossen?«

Sie steht vor mir mit gefalteten Händen, die beiden Daumen aneinander gelehnt, hält den Kopf schief und zögert etwas, bevor sie antwortet. »Ich bin da gelandet, weil ich wo mitmachen wollte und ein paar Leute dort kenne.«

»Die CDU war wohl nichts?«

Sie lacht. »Nein.«

Wir reden vertraut miteinander, aber wenig über persönliche Dinge. Vieles davon gehört nicht in ein Buch.

Als ich ihr erzähle, wie ich nicht ganz legal zu einer Wohnung in Berlin-Friedrichshain gekommen bin, zeigt sie sich interessiert. »Wie hast du das gemacht?«

»Wir haben einen Tipp bekommen von einer Frau, die bei der Kommunalen Wohnungswerwaltung gearbeitet hat.«

»War die Wohnung frei?«

»Die alte Frau, die drin gewohnt hat, ist gestorben.«

»Ihr hattet euch als Untermieter einquartiert?«

Das war die übliche Methode junger Leute, in Großstädten zu einer Wohnung zu kommen.

»Nicht wirklich, alles ging sehr schnell. Die Mitarbeiterin der KWV hat dafür gesorgt, dass wir einen Wohnberechtigungsschein ausgestellt bekamen. Dafür mussten wir die Wohnung ausräumen. In der alten Speisekammer lag noch verpackte, museumsreife Butter von 1950.«

Wir lachen. Sie erzählt mir, wie sie nach ihrer Scheidung durch Wohnungsbesetzung, also auf nicht ganz legalem Wege, zu einer Zweizimmerwohnung im Prenzlauer Berg gekommen sei, und wie Freunde ihr geholfen haben, diese Wohnung zu renovieren und zu möblieren. Dann sollte das Haus saniert werden, und sie bekam eine neue Bleibe.

Diese gleichen sozialen Erlebniswelten, die jeder einbringt, verbinden. Schon beim ersten Gespräch nach ihrem Amtsantritt werden auch die Unterschiede zwischen uns klar. So wie sie Zeit gebraucht hat, sich für diesen Schritt in die Politik zu entscheiden, so spontan war das bei mir. Als mich Lothar de Maizière gefragt hat, ob ich Regierungssprecher werden wolle, habe ich am nächsten Tag zugesagt. Ich bin in der Regel schnell begeisterungsfähig, reagiere im Großen und Kleinen sofort und stürze mich mitten in die Aufgaben. Eigentlich ein Vorteil beim journalistischen Arbeiten und auch jetzt als Sprecher einer Regierung. Informationen, die nicht gleich verfügbar sind, werden den Journalisten nachgereicht. Das Mediengeschäft ist ein schnelles.

Angela Merkel ist bedachter. Sie braucht etwas Zeit und ist eine hervorragende analytische Beobachterin. Wir klären die Aufgabenteilung gleich am Anfang völlig problemlos. Sie möchte erst einmal keine Pressekonferenzen halten und dafür eher Hintergrundgespräche mit einzelnen Journalisten führen. Sie möchte »beobachten«, wie sie sagt. So sitzt sie zumeist mit in den Pressekonferenzen, und wir tauschen uns danach aus, was sie beobachtet hat.

Von dieser Arbeitsteilung ist unsere Zusammenarbeit geprägt. Das Pensum, das es zu bewältigen gilt, ist hart. Wir sprechen uns täglich ab oder werden durch die Abteilungen und Experten »abgeglichen«. Ich frage oft nach, ob die Information auch Angela Merkel erhalten hat – wenn nicht, dann ordne ich an, diese an sie weiterzugeben. Ein Abteilungsleiter gesteht mir bei so einem Vorgang, dass er diese kompromisslose Offenheit »überwältigend« und als den »wohltuendsten« Kontrast zum alten System findet.

Diese selbstlose Transparenz ohne konkurrierende Hintergedanken ist unseren Idealen zu verdanken. Sie prägen diese sechs Monate und sind nicht hinüberzuretten in das vereinte Deutschland. Jeder wird individuell entscheiden müssen, wie viel er für sich von dieser Vision des Zusammenlebens praktizieren und verantworten kann, ohne als Teamplayer aufgefressen zu werden. Es ist unmöglich, dass Angela Merkel oder ich mich in unserer Arbeit auf nur ein Themengebiet spezialisieren. Obwohl es inhaltliche Schwerpunkte gibt, muss der jeweils andere informiert sein. Ich habe den Vorteil, dass viele Informationen zuerst bei mir landen, das bringt aber auch einen enormen Aufwand an Entscheidungen mit sich – und wenn es nur die eine ist, wohin die Info delegiert werden muss.

Nicht alles ist von Relevanz für den Ministerpräsidenten. Schlimm hingegen ist es, wenn eine Mitarbeiterin oder ein Mitarbeiter irgendeine Anfrage oder Information im Vorhinein als irrelevant aussortiert und Angela oder ich davon nicht erfahren. Dann haben wir noch die Spürnase Hans-Christian Maaß, der in den *Workflows*, die er eingerichtet hat, eine aussortierte Information wiederfindet.

Der Ministerpräsident, der am Ende seiner Amtszeit, durch das Auseinanderbrechen der Großen Koalition auch noch das Außenministerium übernehmen wird, ist viel im Ausland unterwegs. Die großen Reisen begleite ich als Regierungssprecher selbst.

Der Ex-Regierungssprecher und seine Ex-Stellvertreterin beim 65. Geburtstag ihres ehemaligen Chefs, 2005

Das betrifft unseren ersten Moskau-Besuch und andere Reisen in die Sowjetunion, die USA-Visite und das Anfliegen etlicher anderer Großstädte. Angesichts der sehr vertrauensvollen Zusammenarbeit finde ich es fair, dass ab und zu die Stellvertreterin mitfliegt. Angela Merkel ist auch bei der Vier-plus-Zwei-Schlussverhandlung am 12. September in Moskau dabei.

Dass de Maizière in den letzten Wochen der DDR die Rolle des Außenministers übernimmt, finde ich sehr gewagt. Wir diskutieren die Außenwirkung intensiv mit ihm im kleinen Kreis. Er könnte auch Thilo Steinbach zum kommissarischen Außenminister ernennen, der ihm als Abteilungsleiter Außenpolitik im Amt des Ministerpräsidenten ohnehin zuarbeitet. Der MP lässt sich nicht umstimmen. Lothar de Maizière wird später zugeben, dass es sein persönlicher Ehrgeiz war, Vier-plus-Zwei unbedingt in Eigenregie zu Ende zu bringen. Er will den Vertrag auch unterzeichnen.

So tritt ein, was ich geahnt habe: Lothar de Maizière geht als DDR-Außenminister und nicht als Ministerpräsident in die Bildunterschriften ein. Die Nachrichtenagentur *AP* schreibt: »Unterzeichnung des Vier-plus-Zwei-Vertrages am 12. September 1990 in Moskau (von links nach rechts US-Außenminister James Baker, Großbritanniens Außenminister Douglas Hurd, Außenminister der Sowjetunion Eduard Schewardnadse, Frankreichs Außenminister Roland Dumas, DDR-Außenminister Lothar de Maizière und Bundesaußenminister Hans-Dietrich Genscher).«

Angela Merkel bereitet diese Septemberreise pressetechnisch intensiv vor. Sie wählt einen kleinen Kreis von Journalisten aus, brieft diese und perfektioniert die Pressearbeit vor Ort, indem sie die bis dahin immer sehr spartanische Beköstigung von Journalisten auf westdeutsches Niveau hebt. Aus den Gesprächen vor und nach der Reise gewinne ich den Eindruck, dass sie Feuer gefangen hat, und der Erfolg gibt ihr recht.

Bezüglich de Maizières Rolle als Außenminister und dem damit verbundenen Reisemarathon sind wir unterschiedlicher Meinung. Ich finde seinen diplomatischen Auftritt auch deshalb sehr ambitioniert, weil erstens Bonn bereits diplomatisch und finanziell in Aktion getreten ist, d. h. diesen Part bereits für uns mitspielt, und zweitens, weil das übermäßige außenpolitische

Engagement de Maizières als Flucht vor den innenpolitischen Problemen gedeutet werden könnte. In den letzten Tagen der DDR brennt im Land die Luft. Allein um den 12. September lauten einige der wichtigsten deutsch-deutschen Themen: »Gesamtdeutscher Etat bringt riesiges Defizit« (*Frankfurter Rundschau*), »Bundesarbeitsminister Norbert Blüm befürchtet einen Dammbruch der Arbeitslosigkeit« (*dpa*), »Treuhand will die Gasaktivitäten der DDR an Gazprom verkaufen« (*Süddeutsche Zeitung*), DDR-Innenminister Diestel schlägt »Extrasteuer für Westdeutsche zur Finanzierung von Aufgaben in der DDR« vor (*ADN*), »NVA löst sich von selbst auf« (*Berliner Morgenpost*), »Hohe MfS-Offiziere enttarnen Agenten gegen Straffreiheit« (*Die Welt*), »Milliardendefizit bei Sozialversicherung« (*Neue Zeit*).

Die Dichte der Ereignisse erfordert es grundsätzlich, dass das Amt des Regierungssprechers in der Spitze besetzt bleibt. Man hat das Gefühl, nicht aus dem Haus gehen zu dürfen. Nicht nur, dass de Maizière auch im Ausland von uns eine Lageeinschätzung zugearbeitet wird, der Ministerpräsident kann auch unwirsch sein, wenn er niemanden in der Heimat erreicht.

Alexander Osang erzählte im *Spiegel* 46/2009 unter dem Titel »Die Schläferin« amüsant-sarkastisch, wie wir Männer an der Seite Merkels alle zu Statisten einer Kanzlerdämmerung geworden seien. »Sie verkaufte die Politik der Männer, und wahrscheinlich verstand sie dadurch immer besser, wo deren Schwächen lagen. Sie war oft von der Laune der anderen abhängig, der Kerle Krause, de Maizière, Gehler, Diestel. Sie schienen Politik manchmal zu spielen wie Räuber und Gendarm. Thomas de Maizière war ziemlich herrisch, Maas sagte ihr dauernd, was sie machen solle. Dazu kamen die ganzen kleinen emsigen West-Praktikanten. Und Diestel, der ohne Vorwarnung durch die Gegend brüllte, was er gerade im Polizeifunk gehört hatte. Es war oft laut, hektisch und unberechenbar.«

Mir kam beim Lesen der Gedanke, dass eben diese Beschreibung das Wort von der »Laienspielschar« bestätigte. Ich fand sie ziemlich herabwürdigend. (Der Begriff übrigens war in den achtziger Jahren aufgekommen – bei Steidl war ein Buch mit dem Titel »Die Bonner Laienspielschar. Die Bilanz der 1. deutschen Bonsai-Regierung« erschienen. Gemeint war natürlich die Kohl-Genscher-Regierung.)

Prof. Dr. Hans Joachim Meyer, der als Bildungsminister zu dieser vermeintlichen DDR-Laienspielschar gehörte, äußerte sich dazu in einer Rede in der Konrad-Adenauer-Stiftung am 14. Oktober 2020. »Zunehmend war man in der alten Bundesrepublik der Meinung, den Teil Deutschlands, der noch die DDR war, am besten selbst in Ordnung zu bringen – das könne man doch viel besser als die ›Laienspielschar‹ in Ostberlin. Spätestens ab Anfang Juni 1990 konnte man allen Ernstes hören und lesen, wir sollten doch aufhören, die Verhältnisse in der DDR schrittweise ändern und bessern zu wollen. Das könnten sie mit bundesdeutscher Kompetenz und Erfahrung in der künftigen gesamtdeutschen Bundesrepublik dann doch selbst viel rascher und wirkungsvoller bewerkstelligen. Wobei der Vorwurf des Laientums sich eigentlich merkwürdig anhörte im Munde von Leuten, die Demokraten sein wollen. Denn es gehört zum Wesen einer Demokratie, dass die Bürgerschaft Mitbürger mit politischer Urteilskraft in die Verantwortung hineinwählt. Also war das Wort von der ›Laienschar‹ doch wohl ein sich selbst entlarvender Vorwurf.«

Auch Angela Merkel gehörte in diese »Laienspielschar«, wenn auch nicht an vorderster Front. Wir alle waren Lernende und eher dankbar und gern genervt für das Drängen von Hans-Christian Maaß, der – untypisch für einen »Westbeamten« – ein schneller Macher war. Unsere Methoden waren oft anders, aber nicht erfolglos. Dies am unterschiedlichen Verhalten von Männern und Frauen in der Politik festzumachen, diskreditiert die Tatsache, dass die emanzipierten Frauen in der DDR sehr wohl wussten, wie mit Herrengebaren und Überlegenheitsdünkel umzugehen war.

Ich habe in meinem journalistischen Dasein als Chefredakteur beim *MDR* die politische Arbeit von Angela Merkel verfolgt. Ihr Wirken, ihre Entscheidungen und die Folgen ihrer Politik waren Thema in unseren Redaktionskonferenzen, in Recherchen, Kommentaren und Beiträgen. Angela Merkel und ich hielten über die Jahre losen Kontakt, und wenn wir uns begegneten, dann geschah das in alter Verbundenheit. Ich war zu Hintergrundgesprächen im Kanzleramt, habe sie auf Parteitagen getroffen und bei anderen Gelegenheiten gesprochen. Leider oft nur kurz. Als Journalist war ich zudem immer auf kritische Distanz bedacht. Nun bin ich im Ruhestand und kann mich persönlich äußern.

Am meisten beeindruckt bin ich, dass sie es als erste Ostdeutsche und als erste Frau geschafft hat, ausdauernd und prägend Kanzlerin der Bundesrepublik Deutschlands zu sein. Dabei war sie authentisch – sowohl als Ostdeutsche als auch als Frau. Das Kanzleramt war noch nie so selbstlos dienend besetzt. Das erinnert mich an die Zeit von 1990. Die Gruppe um Lothar de Maizière fühlte sich unausgesprochen einem dienenden preußisch-protestantischen Ethos verpflichtet.

Sich treu blieb Angela Merkel auch im Auftreten und Handeln. Ihr öffentliches Reden hatte immer etwas Vortragendes, ihr Handeln war selten spontan – obwohl sie angenehm spontan sein kann. Als Öffentlichkeitsarbeiterin war sie darum nach heutigen Maßstäben eine Fehlbesetzung, weil sie die Öffentlichkeit scheute. Als Kanzlerin war sie in meinen Augen alternativlos die beste Besetzung für ihre Zeit. Kurioserweise verband uns genau das Hineingeworfensein in Aufgaben, die wir nicht kannten.

Auch das Abschalten der Kernkraftwerke und das Öffnen der Grenzen für Geflüchtete wirkten zunächst spontan, waren aber das Ergebnis reiflicher politischer Überlegungen. Man hätte 2015 die deutschen Grenzen nicht mit Grenzschutz verriegeln können. Das hätte der Bundesgrenzschutz nicht geschafft, und Bilder hätte keiner gebraucht, die zeigten, wie Deutsche in Uniform an der deutschen Grenze mit Gewalt gegen unbewaffnete, mitunter minderjährige Menschen vorgingen. Das blieb uns und der internationalen Öffentlichkeit erspart. Dass die Kanzlerin kein eigenes Einwanderungs- oder Migra-

Angela Merkel war von 2005 bis 2021 deutsche Regierungschefin, hier auf einer Postkarte, die ein west- oder ostdeutscher Fan seinerzeit publizierte. Dass aus »Angela« eine »Angelika« wurde, störte keinen, nicht einmal die auf diese Weise Geehrte

tionsministerium eingerichtet hat, die Digitalisierung der Behörden und Verfahren nicht mit notwendigem Nachdruck betrieben hat, war ohne Zweifel ein Fehler.

Angela Merkel hat Deutschland ein Gesicht gegeben – ihres. Kein übermenschliches – ein menschliches.

Ich weiß, dass ich mich mit meinen Erinnerungen ziemlich weit hinten einreihe. Andere haben sich schon vor mir zu Wort gemeldet, und viele reklamieren, Angela Merkel entdeckt zu haben. Ich nehme das für mich nicht in Anspruch. Ich bin ein Sammler. Mir helfen immer auch meine Notizen, an denen ich mich mit dem subjektiven Gedächtnis entlanghangele. Eines weiß ich sicher: Die Berufung Angela Merkels zu meiner Stellvertreterin war die beiläufigste Sache der Welt.

Im Laufe der Zeit hat sich der Blick auf ihre Rolle im Jahr 1990 erheblich verändert. Das Wechselspiel an Interpretationen geschieht nicht nur zwischen den Journalisten. Dem folgen auch manche Akteure – teils sehr unverfroren, aber meine Freundschaften sind mir wichtiger, als das hier auszubreiten.

Rein sachlich ist die Biografie von Jacqueline Boysen, 2001 bei Ullstein erschienen (»Angela Merkel. Eine Karriere«), realistischer als Veröffentlichungen, die in der Zeit ihrer Kanzlerschaft geschrieben wurden. Diese sind oft reich an Sekundärquellen und entwickeln daraus ihr Bild. Ausgenommen vielleicht die 2005 von dtv verlegte Merkel-Biografie von Gerd Langguth (»Angela Merkel. Biographie«). Langguth muss in unzähligen Originaldokumenten geblättert und unterschiedliche Zeitzeugenaussagen überprüft haben. Er spekuliert nicht und interpretiert allenfalls.

Er schreibt allerdings, ich hätte als Regierungssprecher Flugangst gehabt. Deshalb hätte Angela Merkel an »fast allen« Auslandsreisen des Ministerpräsidenten teilgenommen. Das ist zweifacher Unsinn – ich hatte nie Flugangst und war auf den meisten Auslandsreisen dabei. Das ist eine fantasievolle Story. Ist sie einmal in der Welt, wird man sie nie wieder los. Sogar Angela Merkel ist in ihren Erinnerungen dadurch selbst ins Wanken gebracht worden.

Da ich noch etliche Reiseunterlagen aus jener Zeit besitze, weiß ich genau, wer wann wo mitgereist ist. Ich kann darum meinen Ex-Chef Lothar de Maizière widersprechen, der in Interviews Angela Merkel schon viel früher nach Moskau reisen ließ. So schrieb die *Frankfurter Allgemeine Zeitung* am 15. Februar 2022 von einer »Spionagetour« Merkels nach Moskau, die es nie gab.

»Als Lothar de Maizière, der letzte Ministerpräsident der DDR, am 29. April 1990 bei Michail Gorbatschow seinen Antrittsbesuch machte, schickte er seine stellvertretende Pressesprecherin Angela Merkel zu einer Erkundungstour durch Moskau.« Zu diesem Zeitpunkt war Merkel definitiv nicht in Moskau, sondern in Berlin.

Am 28. Januar 2017 lüftet Merkel-Experte Alexander Osang (»Das eiserne Mädchen«) im *Spiegel* das »Geheimnis von Angela Merkel« und bezieht sich auf seine »preisgekrönte Reportage aus dem Jahr 2000, wiederentdeckt zum 70. *Spiegel*-Geburtstag«. Darin heißt es: »Und weil der erste Regierungssprecher Matthias Gehler panische Flugangst hatte, begleitete die Stellvertreterin den Regierungschef de Maizière auf fast allen Reisen.«

Osang lässt Angela Merkel auch in anderen Artikeln Reisen unternehmen, die sie nicht gemacht hat. Sie war beispielsweise nie mit de Maizière in Washington, wie im *Spiegel* 46/2009 behauptet. Das unterscheidet Osang als Romanautor vom Wissenschaftler Langguth: Der hat alle Merkel-Reisen recherchiert und aufgelistet.

Viele Bücher, auch wissenschaftliche, wie auch seriöse Medien kolportierten diese Geschichte. Am besten gefällt mir der Artikel von Peter Dausend in der *Zeit* Nr. 35/2018. Unter der Überschrift »Flugangst und andere Zufälle« notierte er: »Von März bis Oktober 1990 war Matthias Gehler der Chef einer jungen Frau namens Angela Merkel. Als Sprecher der letzten DDR-Regierung gehörte er zwar zu den engsten Vertrauten des Ministerpräsidenten Lothar de Maizière, doch er fürchtete das Fliegen. Daher begleitete nicht Gehler, ein gelernter Journalist, sondern dessen Stellvertreterin, die promovierte Physikerin Merkel, den Ministerpräsidenten auf seinen zahlreichen Flügen von Ost-Berlin nach Bonn und auch nach Moskau. Dank Gehlers Flugangst war Angela Merkel mit von der Partie, als der Staatsvertrag über eine Währungs-, Wirtschafts- und Sozialunion verhandelt wurde. Und in der Flugangst ihres Chefs liegt auch der Grund für Merkels Anwesenheit, als am 12. September 1990 die Verhandlungen zum Vier-plus-Zwei-Vertrag in Moskau ihren Abschluss fanden. Weil Gehler auf keinen Fall fliegen wollte, wurde aus der jungen Merkel die Frau an de Maizières Seite – und so lernte sie Helmut Kohl kennen. Wenige Monate darauf stieg sie zur Ministerin für Frauen und Jugend auf, als ›Kohls Mädchen‹. 14 Jahre und diverse Zufälle später kam Merkel oben an, ganz oben. Ohne Gehlers Flugangst gäbe es also keine Kanzlerin Merkel.«

Dausend hat insofern recht, dass es oft Zufälle und einfache Umstände sind, die Karrieren befördern – ich bin nur das falsche Beispiel. Irgendwie traf uns das Schicksal damals alle. Einige von uns hatten in der Vorwendezeit Mut, andere weniger, aber 1990 waren wir zur rechten Zeit am richtigen Ort.

Die Ungleichen

Als Parteivorsitzender beerbte Lothar de Maizière Gerald Götting, und als Ministerpräsident ist er der Helmut Kohl des Ostens. Was nicht stimmt: Die Ost-CDU ist anders als die West-CDU, und deren Chefs verbindet herzliche Abneigung. Ich kenne beide. Sie sind grundverschieden: Helmut Kohl strotzt vor Erfahrung. Er hat einen riesigen Verwaltungsapparat hinter sich und denkt in großen Dimensionen. Lothar de Maizière ist ein detailbesessener Advokat mit einem kleinen Büro, in dem die Crew sich noch finden muss. Helmut Kohl besitzt zudem die Macht des Kanzlers der Bundesrepublik Deutschland, ist ein Netzwerker und hat persönliche Verbindungen zu Staatenlenkern in aller Welt. Lothar de Maizière hingegen kennt die Mächtigen dieser Welt nur aus den Nachrichten.

Aber de Maizière ist schnell im Denken, kennt sich brillant in sämtlichen juristischen Schachzügen aus. Er geht selbstlos und protestantisch zäh ans Werk. Ich erlebe immer wieder diesen bissigen Sarkasmus, den er selbst in der Nähe des Kanzlers nicht ablegen kann. Teilweise rollt er für alle sichtbar ungeduldig mit den Augen, wenn der gemütliche Pfälzer seine blumigen Geschichten zum Besten gibt, obwohl Sacharbeit nötig wäre. Im Gegensatz zum bulligen Helmut Kohl besteht der kleine Lothar de Maizière nur aus Haut und Knochen, macht die Nacht zum Tag und ernährt sich fast ausnahmslos von Kaffee und Nikotin.

Der schon 1956, damals im Alter von 16 Jahren, in die Ost-CDU eingetretene Lothar de Maizière ist für Helmut Kohl wegen dessen langer Mitgliedschaft in der Blockpartei verdächtig, weil systemnah. Zudem weiß ich von Johnny Klein, Kohls Regierungssprecher, dass Helmut Kohl vom BND Informationen zugespielt bekommen hat, die de Maizière unter Stasi-Verdacht stellen. Befragte Stasioffiziere werden später aussagen, dass sie zwar den Auftrag hatten, den Anwalt zu werben, es aber nie geschafft haben.

Dass de Maizière am 10. November 1989 von der sich schwerfällig reformierenden Ost-CDU zum neuen Vorsitzenden gewählt worden war, legitimierte ihn in der West-CDU nicht automatisch als Partner. Für Kohl bleibt der ostdeutsche Rechtsanwalt eine »Blockflöte«. Aus dem direkten Umfeld des Kanzlers erfahre ich: Am liebsten hätte Kohl ihn ausgewechselt. Mindestens gemieden. Weder das eine noch das andere geht. Die Ost-CDU ist eigenständig. Helmut Kohl äußert sich noch am 23. Januar 1990 im CDU-Bundesvorstand skeptisch über eine Zusammenarbeit mit der Ost-CDU. Das hat auch etwas mit deren Vorsitzenden zu tun. Der Wunsch nach einem Schulterschluss geht eher von Lothar de Maizière aus und ist rein pragmatischer Natur. Die DDR-Partei braucht Wahlkampfhilfe. Zudem hat de Maizière die Fusion von Ost- und West-CDU im Blick.

Verbündete findet de Maizière in Bundesinnenminister Wolfgang Schäuble, dem Westberliner Parteichef

Eberhard Diepgen, mit dem wir uns ab und zu treffen, und Hessens Ministerpräsident Walter Wallmann, der vor allem Länderfusionen im Kopf hat und gerne Thüringen Hessen einverleiben würde, was zumindest historisch gesehen nicht abwegig scheint.

Als der frühere West-CDU-Generalsekretär Heiner Geißler erklärt, dass kein Weg daran vorbeiführt, »dass wir mit der CDU in der DDR zusammenarbeiten«, beflügelt das die Beziehung zwischen Kohl und de Maizière nicht, denn Kohl hält wiederum nichts von Heiner Geißler. Er hat ihn nach zwölf Jahren Parteiarbeit im August 1989 abgesetzt. Geißler, der gegen Kohl ohne Erfolg geputscht hat, war uns neuen Ost-CDU-Mitarbeitern sympathisch, aber der falsche Verbündete.

Angesichts der Zurückhaltung Kohls handelt de Maizière intuitiv und will Druck durch Fakten erzeugen. Wie so oft bei de Maizière ist da ein Blitzgedanke, aus dem ein politischer Schachzug wird, einem Schelmenstreich gleich: Er beruft in Neuss bei Düsseldorf, auf bundesdeutschem Gebiet also, eine Pressekonferenz ein. Das Thema: »Die weitere Zusammenarbeit der CDU-Ost mit der CDU Deutschlands«.

Das ist nicht abgesprochen. Kohl tobt. Die Drähte zwischen den Parteizentralen laufen heiß, und so kommt es schließlich zum ersten persönlichen Treffen zwischen den beiden unterschiedlichen Parteihäuptlingen. Helmut Kohl und Lothar de Maizière begegnen sich erstmals knapp zwei Monate vor der Volkskammerwahl in der Westberliner Pücklerstraße, um eine Strategie zu besprechen. Das Treffen sei in der zweiten Januarhälfte 1990

War's nun am 1. oder am 4. Februar 1990? Oder Ende Januar, wie Kohl behauptet? – Späteres Rätselraten in der Kanzlei des Ex-Regierungschefs und seines Sprechers

gewesen, erinnerte sich Helmut Kohl in seinem Buch. Aber selbst beim Datum gehen die Erinnerungen von Kohl und de Maizière auseinander. De Maizière behauptet, es war der 1. Februar (Diestel schreibt vom 4. Februar 1990). In meinen Unterlagen finde ich nichts zum Datum. In Erinnerung ist mir aber, was uns Lothar de Maizière im kleinen Kreis von diesem ersten Treffen mit dem »Dicken« im Gästehaus der Bundesregierung in Westberlin berichtete: »Mit diesem hochgewachsenen, rheinischen Katholiken werde ich nicht warm. Eine Männerfreundschaft wird da nicht draus.«

Wir lachen, und de Maizière ergänzt: »Wir sind viel zu verschieden.« Kohl habe sich – wohl weil de Maizière aus dem Arbeiter-und-Bauern-Staat kam – einen besonderen Einstieg ausgedacht: Als wolle er ihm entgegenkommen, sich auf gleiche Stufe stellen, habe er ihm »erzählt, dass er selbst aus einfachen Verhältnissen stamme. Sein Vater sei ein normaler Finanzbeamter gewesen, und die Familie hätte sich allen Wohlstand hart erarbeiten müssen«. Darauf habe de Maizière selbstbewusst entgegnet, dass er mit so einer bescheidenen Biografie nicht dienen könne. Er käme aus einer eher bildungsbürgerlichen, bourgeoisen Familie. Trotzdem könne man ja angesichts der zu bewältigenden Aufgaben versuchen, gut zusammenzuarbeiten.

Nach dem Wahlsieg am 18. März 1990 müssen Helmut Kohl als Kanzler der Bundesrepublik Deutschland und Lothar de Maizière als Ministerpräsident der DDR verhandeln. De Maizière bezieht dabei sehr eigenständige, ja manchmal geradezu sture Positionen. Er fühlt sich als Anwalt der sechzehn Millionen DDR-Bürger und verhandelt auch so. Nach Telefonaten mit Kohl gibt es oft den befreienden Spruch »Jetzt hab ich's dem Dicken gegeben«. Fast jedes Gespräch hat etwas Juristisches. Kohl ist damit völlig überfordert – dafür hat er Anwälte, Staatssekretäre und Minister.

Dieses juristische Herangehen hat entschiedene Vorteile – vor allem beim Vertrag zur Wirtschaft-, Währungs- und Sozialunion, beim Einigungsvertrag und beim Vier-plus-Zwei-Vertrag. Innerhalb der DDR muss viel verändert werden. Es werden im Zeitraum von einem halben Jahr fast hundert Gesetze und nahezu anderthalbhundert Verordnungen verabschiedet sowie fast achthundert Kabinettsvorlagen behandelt. Das meiste zieht sich de Maizière selbst auf den Tisch. Die in der Öffentlichkeit beliebte SPD-Ministerin für Arbeit und Soziales, Regine Hildebrandt, die auch während Kabinettssitzungen viel redet, fährt er oft streng an: »Und wo ist Ihre Vorlage?« Die gibt es nicht.

Bei den Verhandlungen mit der Bundesrepublik vergisst de Maizière aber zuweilen, dass wir zu wenig in der Tasche haben. Darauf angesprochen, bekomme ich zur Antwort: »Sind sechzehn Millionen Menschen etwa nichts?« Er hat recht. Trotzdem ist er wohl zu viel Jurist und zu wenig Diplomat. Helmut Kohl kommt damit schwer zurecht.

Das Kanzlerfest in Bonn ist ein gesellschaftliches Ereignis. Eingeladen sind Vertreter aus Wirtschaft, Politik und Adel. Die Parkanlagen des Palais Schaumburg bieten ein herrschaftliches Ambiente. 1990 soll der noch nicht gekrönte Kanzler der Wiedervereinigung gefeiert werden. Weil die Mauer offen ist und es das Thema gebietet, werden erstmals auch Politiker aus der DDR eingeladen. Also fliegen wir am 23. Juni als Ministerpräsidententross nach Bonn. Uns erwartet eine zauberhafte Kulisse. Sogar einen Doppelgänger von Gorbatschow haben sie eingeladen. Ich werde den Verdacht nicht los, das auch wir Kulisse sind. Überall Politiker, Exzellenzen und Prominente. Die Sonne scheint, ich begegne zum Beispiel der damals noch bunteren, aber echten Gloria von Thurn und Taxis. Auf der Wiese sind Stände und Zelte aufgebaut.

Bei diesem Freudenfest kommt es zu einem amüsanten, letztlich aber peinlichen Zwischenfall, der die unterschiedlichen Charaktere von Helmut Kohl und Lothar de Maizière trefflich verdeutlicht. In einem großen Zelt soll Gastgeber Kohl den Startschuss für die Feierlichkeiten geben. Der Kanzler der Bundesrepublik Deutschland marschiert ein. Alle erheben sich von ihren Plätzen. Vorn auf der Bühne spielt das Beethoven-Orchester die Wassermusik von Georg Friedrich Händel. Der Kanzler strahlt über das ganze Gesicht und winkt huldvoll nach rechts und links. Die Szene hat etwas Barockes, wir scheinen am Hof von Ludwig XIV.

Kurz bevor Kohl die erste Reihe erreicht, bemerkt er Lothar de Maizière. Dieser sitzt auf dem Podium zwischen den Musikern und spielt zu Ehren des Kanzlers auf der Bratsche. Das Instrument ist geborgt. Der Konzertmeister hatte ihn erst kurz zuvor gefragt, ob er bereit sei für eine kleine Überraschung. Kohl fühlt sich tatsächlich geschmeichelt, dass der ostdeutsche Regierungschef für ihn aufspielt. Die Stimmung scheint perfekt. Nach dem Ende des Stücks, im rasenden Applaus, besteigt der Kanzler die Bühne und ergreift das Mikrofon. Von oben nach unten – allerdings leider auch im Tonfall – wendet er sich an Lothar de Maizière: »Ein erster Mann eines Landes muss auch die Erste Geige spielen können.«

Das ist doppeldeutig und kann so verstanden werden, dass de Maizière besser bei seinem Instrument bleiben solle als in der Politik. De Maizière streckt geistesgegenwärtig seine Bratsche samt Bogen Kohl entgegen. Alle halten eine gefühlte Ewigkeit den Atem an. Kohl weiß mit der Geste nicht umzugehen, die er provoziert hat. Er lehnt verlegen ab, die Stimmung kippt. Jeder im Zelt hat gesehen – der kunstbesessene Preuße und der lebensfrohe Pfälzer sind Meilen voneinander entfernt. Die Wiedervereinigung ist zu klein, um daran etwas zu ändern.

Während Lothar de Mazière in innerdeutschen Verhandlungen steckt und zudem sehr konzentriert darauf fokussiert ist, die Verhältnisse in der DDR ordentlich zu regeln, hat Helmut Kohl die Außenpolitik im Blick. Zwei Wochen nach seinem Treffen mit Michail Gorbatschow im Kaukasus reist Lothar de Maizière zu Helmut Kohl an den Wolfgangsee, wo der Kanzler traditionell urlaubt.

Inzwischen hat Gorbatschow es Deutschland freigestellt, welchem Bündnis es angehören wolle. Der Wiedervereinigung steht außenpolitisch nichts mehr im Weg. Was für andere der Durchbruch ist und in gesamtdeutsche Wahlen am 2. Dezember 1990 münden soll, ist für die DDR-Regierung Belastung. Angesichts der wirtschaftlichen Probleme in der DDR und der anhaltenden Abwanderung drängt die Zeit. Darum hatte de Maizière Kohl um dieses Gespräch gebeten. Kohl wollte das erst telefonisch erledigen, jetzt macht er Urlaub. De Maizière fliegt schließlich einfach an Kohls Ferienort in Österreich, um den Zeitpunkt für die möglichst baldige Wiedervereinigung zu besprechen.

Als er nach Berlin zurückkommt, geht der MP an die Presse und nennt das Datum 14. Oktober. Das scheint nicht abgesprochen, Kohl ist irritiert. Letztlich wird es der 3. Oktober als Beitrittstermin. So erlebt die DDR ihren 41. Jahrestag am 7. Oktober nicht mehr.

Die Verschiedenartigkeit von Kohl und de Maizière ist auch ein medientechnisches Problem. Wir sind bei einem abendlichen Arbeitsessen im sehr kleinen Kreis im Gästehaus der Bundesregierung in Westberlin. Es geht um den Einigungsvertrag. Wir sitzen an einem kleinen Tisch, die ersten Abendnachrichten sind gelaufen. Draußen warten ungeduldig die Journalisten auf Bilder und Statements für die Spätabendjournale. Ich gehe raus, um die Fernsehteams zu vertrösten. Sie stehen mit ihren Kameras dicht am Eingang des Hauses, denn hinter ihnen ist bereits der Zaun des Nachbargrundstücks.

Eduard Ackermann, die geheime Öffentlichkeitswaffe Kohls, sitzt im Flur in einem Sessel und macht einen müden Eindruck. Ackermann trägt seine dicke Brille und hat einen scharfsinnigen Geist, wir verstehen uns gut. An diesem Abend haben wir ein gemeinsames

De Maizière und Kohl im Bonner Bundeskanzleramt

Problem: Die Protagonisten lassen sich Zeit, als gäbe es keine Nachrichtensendungen. Schlimmer: Die Kameras stehen zu nah an der Tür – wie sollen da beide, der riesige Kohl und der kleine de Maizière – zusammen ins Bild passen? Das geht nur, wenn der Kanzler eine Treppenstufe nach unten tritt.

Ich sage das dem erschöpften Eduard Ackermann. Er schaut mich an, als wäre das nicht sein Problem. »Ede«, der genau weiß, dass Kohl jegliche Regieanweisung hasst, schlägt vor: »Sag ihm das.«

Nachdem ich mit Mühe Kohl und de Maizière dazu gebracht habe, wenigstens noch ein Statement für die Spätnachrichten abzugeben, laufe ich neben dem Kanzler zur Eingangstür und bitte ihn, sich draußen doch eine Stufe tiefer zu stellen, damit beide nebeneinander ins Bild kämen. Sonst hat Kohl immer mal mit mir gesprochen, war gar gesellig und plauderte privat. Diesmal reagiert er nicht. Er will nicht vor die Presse, heute nicht, und meinen Vorschlag empfindet er als eine Anmaßung. Er spricht kein einziges Wort.

Dann steht er draußen mit de Maizière auf einer Stufe und schaut mich an. Ich nicke ihm ermunternd zu. Er tritt schließlich genervt eine Stufe tiefer und schickt mir sogleich einen triumphierenden Blick. Noch immer überragt er den kleinen Lothar de Maizière.

Die Hongkong-Chinesen

Peter Brinkmann reiche ich zur Begrüßung nie die Hand. Ich umfasse seine beiden Handgelenke gleichzeitig und taste nach dem Aufnahmegerät, das er unter den Ärmeln seines Jacketts verbirgt. Wir lachen, und er schaltet das Gerät aus. Manchmal fragt er auch, ob er mitschneiden kann. Brinkmann ist freundlich, neugierig und zuweilen etwas nervig. Er ist der geborene Journalist, hat die Spürnase eines Fährtenhundes und bleibt hartnäckig an jeder Story dran. Die Redaktion der *Bild* hatte den verwegenen Haudegen am Ende der achtziger Jahre als Korrespondent nach Berlin geschickt. Brinkmann stellte bei der Geschichte machenden Pressekonferenz am 9. November 1989 die entscheidende Frage zur neuen Reiseverordnung der DDR, nämlich ab wann diese gelte, und der fahrige Schabowski hatte geantwortet: »Sofort, unverzüglich.« Der italienische Journalist Riccardo Ehrman hatte den Fragereigen zum Thema eingeleitet. Die Öffnung der Mauer war die Folge. Ehrman bekam später das Bundesverdienstkreuz, Brinkmann ging leer aus.

Journalisten wie Brinkmann haben eine Schwäche: Sie lieben »Dauerbrenner«, Themen, die immer wieder das Zeug dazu haben, auch bei geringem Neuigkeitswert von Chefredaktionen ins Blatt genommen zu werden. Leider wusste ich das nicht gleich am Anfang meines Jobs als Regierungssprecher zu nutzen – später schon. Es ergibt sich eine einfache Formel: Willst du zum Schluss einer Pressekonferenz nicht doch noch nach einem aktuellen sehr brisanten Thema gefragt werden, dann ziehe selbst einen »Dauerbrenner« und fülle damit die restliche Zeit. Also frage ich gelegentlich in die Runde der bis zu zweihundert anwesenden deutschen und internationalen Journalisten: »Gibt es noch weitere Nachfragen?«

Ehe einer es sich überlegen kann, schiebe ich nach: »Herr Brinkmann, wollen Sie vielleicht noch etwas zu den Hongkong-Chinesen wissen?«

Dieser fragt wie aus der Pistole geschossen zurück: »Gibt es etwas Neues in Sachen Hongkong-Chinesen?«

Ich serviere dann das nächste vorbereitete Häppchen zu diesem »Dauerbrenner« im Endspurt auf die Wiedervereinigung. Was war passiert?

Die Sache mit den Hongkong-Chinesen ist typischer Boulevard: Im Jahr 1984 hatten sich Chinesen und Briten in einer sogenannten »Gemeinsamen Erklärung« darauf geeinigt, die Souveränität der britischen Kronkolonie Hongkong 1997 an China zu übergeben. Dafür war die Volksrepublik bereit, der einstigen Kronkolonie fünfzig Jahre den Status einer Sonderverwaltungszone zuzugestehen. Die Übergabe bereitet manchem Hongkong-Chinesen Kopfzerbrechen, sie suchen Sicherheiten. Aus Madrid schickt am 5. Juli 1990 der Präsident der Universal Development Group (HK), Arturo Seligrat, einen Brief in die DDR. Der Empfänger ist Hans Bahr in Zwickau in Sachsen. Bahr ist Justiziar der »Sachsenbau«. In dem Schreiben wird auf einen Besuch eines gewissen Herrn

Stoppel bei ihm am 26. und 27. Juni verwiesen und bestätigt, was zwischen den beiden Herren besprochen worden sei. Seligrat schreibt, dass sein Unternehmen in der Folge »beauftragt« worden sei, »einer bestimmten Gruppe von Hongkong-Bürgern Reisepässe beziehungsweise die Staatsbürgerschaft eines EG-Landes zu besorgen«.

Weiter heißt es: »Da die DDR demnächst durch Beitritt zur Bundesrepublik gemäß Artikel 23 des Grundgesetzes dem Gebiets- und Rechtsstatus eines EG-Landes angehört, wären die in Frage kommenden Bürger Hongkongs mit der Verleihung der Staatsbürgerschaft der DDR einverstanden. Grundsätzlich wird diese Maßnahme dadurch notwendig, dass den Bürgern Hongkongs nach den Geschehnissen im letzten Jahr in Rotchina die zwischen dem Vereinigten Königreich und der

Peter Brinkmann (r.) in de Maizières Berliner Kanzlei mit Ex-Kohl-Berater Horst Teltschik, 15. November 2019

Volksrepublik China getroffenen Vereinbarungen nicht mehr die nötige Garantie bieten, in Freiheit nach 1997 weiterleben zu können.«

Bevor im Schreiben die »selbstverständliche« Bereitschaft erklärt wurde, die persönlichen Daten der in Frage kommenden Personen und persönliche Führungszeugnisse bereitzustellen, wurde die Angel ausgeworfen, mit der die Fische an Land gezogen werden sollten. »Obwohl es sich um eine humanitäre Angelegenheit handelt, sind die Bürger Hongkongs, die wir vertreten, bereit, als Gegenleistung für den Erhalt des Passes folgende Zusicherung zu geben: Jeder Bürger würde eine entsprechende bankverbürgte Garantie abgeben, dass er ca. eine Million DM im Gebiet der heutigen DDR investiert und langfristig belässt. Jeder Bürger würde gleichzeitig die Garantie abgeben, für ca. 450.000 DM bis 500.000 DM Immobilien in der DDR zu erwerben.«

Weiter wurde erklärt, dass die Bürger Hongkongs nicht sofort übersiedeln würden, sondern ihnen erst einmal der Pass genüge. Bei einer positiven Entscheidung der DDR-Behörden würde das Unternehmen Universal Development Group (HK) unverzüglich Vorschläge unterbreiten, wie die Zusagen konkret abgesichert werden könnten. Vorgeschlagen wurde ein Treuhandkonto bei einer großen deutschen Bank. Zunächst handele es sich um 52 Personen. Gedacht sei aber letztlich an einen Personenkreis von fünf- bis zehntausend Hongkong-Chinesen …

Der Vorgang landet auf dem Tisch des Staatssekretärs im Amt des Ministerpräsidenten Lothar Moritz, der mich zu sich ruft. Unsere Unterredung dauert lange. Minister Klaus Reichenbach ist in Kurzurlaub. Hat er vielleicht die Sache eingefädelt und sie Moritz in voller Absicht zugeschoben? Dr. Lothar Moritz hat ein gutes politisches Gespür, kann klare Entscheidungen treffen, präzise formulieren, Programme entwickeln, er steckt voller Erfahrung – jedoch ist er zu überlegt und zu feinfühlig. Er hasst es aber, wenn jeden Tag eine neue Sau durchs Dorf gejagt wird. Lothar Moritz erkennt sofort, dass die »Chinesennummer« – wie er sie nennt – eine solche Sau ist und viel Sprengstoff enthält.

»Wenn das an die Öffentlichkeit gerät, dann sind wir nur noch Getriebene, ohne uns eine klare Haltung erarbeitet zu haben«, sagt er, nachdem er mir den Brief mit Herrn Seligrats Unterschrift wortlos zum Lesen gegeben hatte.

Ich lese das am oberen rechten Rand teils mit chinesischen Schriftzeichen gestaltete Schreiben etwas verwundert und bestätige seine Skepsis: »Der Bundesrepublik kann man im Zuge der Wiedervereinigung nicht einfach zehntausend Chinesen mitgeben.«

»Das Thema hat internationales Gewicht.«

Ich nicke. »Beteiligt sind Großbritannien, das den Vier-plus-Zwei-Vertrag unterschreiben muss, und China, einer der wichtigsten deutschen Handelspartner.«

Der immer sehr korrekt gekleidete Politiker Moritz zieht sein Jackett aus, wirft es mit Schwung über einen Polstersessel, krempelt sich die Hemdsärmel hoch, schaut mich unentwegt an und nickt, als ich sage: »Innenpolitisch wirft das Projekt bei Genehmigung die

Frage auf, ob man sich für Geld in die DDR, in die Bundesrepublik und letztlich in Europa einkaufen kann. Habt ihr das schon juristisch geprüft und mit Bonn gesprochen?«

»Wir sind dabei«, sagt Moritz, »bei uns hat Referatsleiter Riedel das in der Hand.«

»Weiß das Innenministerium Bescheid?«

»Ja, der Leiter von Diestels Büro ist informiert.«

»Gibt's schon eine Reaktion?«

»Wir warten drauf.«

So reizvoll es wäre, 15 Milliarden Euro für den Wideraufbau der ostdeutschen Wirtschaft zur Verfügung zu haben, so fadenscheinig scheint die ganze Sache.

»Wer ist dieser Seligrat?«

»Harry Spindler, unser Botschafter in Madrid, hat versichert, dass der Mann integer sei. Wir bekommen das auch noch schriftlich.«

»Genauer.«

»Seligrat war mal Oberbürgermeister der spanischen Stadt Burgos und deren Ehrenbürger. Er hat eine millionenschwere Finanzfirma und Niederlassungen in Hongkong und Madrid.«

»Ist das eine Briefkastenfirma?«

»Nein. Das ist kein Scheinunternehmen.«

»Bekommen die deutschen Vermittler Provision?«

»Davon ist auszugehen.«

»Wie sieht es mit Schäuble aus?«

»Wir sind dabei, die Sache mit dem Bundesinnenministerium zu besprechen. Das ist aber dann wohl eher Diestels Sache.«

Lothar Moritz und ich wollen das Thema erst einmal vertraulich behandeln und im Hintergrund alles klären, obwohl uns klar ist, dass es immer größere Kreise ziehen wird, je mehr Personen involviert werden.

Am 23. Juli 1990 gibt es ein Treffen zwischen den Vertretern der Hongkong-Chinesen und dem Regierungsbevollmächtigten des Bezirkes Chemnitz, Dr. Paul-Willy Heilmann, auf der sächsischen Augustusburg.

Die Beauftragten der Chinesen hatten um diese Konsultation nachgesucht. Über das Treffen existiert ein mehrseitiger Vermerk für den Minister im Amt des Ministerpräsidenten Reichenbach. Darin sind sechs beim Treffen anwesende Personen beschrieben. Aus Spanien war Arturo Seligrat angereist. Er stellte sich als »spanischer Parlamentarier mit enger Verbindung zu führenden Kreisen des Landes aus Wirtschaft, Politik und Kultur sowie dem Königshaus« vor.

Des Weiteren genannt wurden die »führenden Wirtschaftsberater und Rechtsanwälte der BRD mit Sitz in München«, Herr Stoppel und Herr Dr. Aigner. Es wurde vermerkt, dass sie »über direkte persönliche Kontakte zu führenden Regierungsvertretern des Landes Bayern und zu Führungskreisen der CSU« verfügen und schon länger mit Herrn Seligrat zusammenarbeiteten. Beide Herren berieten die Baufirma »Sachsenbau Zwickau«, in der der ebenfalls anwesende Hans Bahr als Justiziar arbeitete.

Nach dem Treffen in Augustusburg ging an Minister Reichenbach der Entwurf einer Vereinbarung mit fünf Artikeln. Demnach soll der Regierungsbevollmächtigte der Bezirksverwaltungsbehörde an fünftausend Hongkong-Chinesen, die von der Universal Development Co benannt werden, die Staatsbürgerschaft der DDR verliehen werden. Die Firma besorgt Reisepässe, Geburtsurkunden, Wohnsitzbestätigungen, polizeiliche Führungszeugnisse, Handelsregisterauszüge und Befähigungsnachweise. In Artikel III ist festgehalten, dass die Einbürgerung über ein Pauschalverfahren durchgeführt werden soll.

Weiter heißt es: »Eine lückenlose Überprüfung aller Daten der einzubürgernden Staatsbürger der Kronkolonie Hongkong entfällt [...]. Ein Bevollmächtigter der Bezirksverwaltungsbehörde wird aber stichprobenweise die Daten einzelner einzubürgernde Staatsbürger auf ihre Richtigkeit hin überprüfen.«

Was das Geld betrifft, wird folgender Verfahrensweg vorgeschlagen: »Über ein Anwaltsbüro in Hongkong werden je 1,5 Millionen DM pro Pass auf einer Bank eingezahlt. Über eine Sammelerfassung werden die Beträge auf eine Schweizer Bank mit Unwiderruflichkeitsgarantie transferiert und stehen für Investitionen in der DDR zur Verfügung.«

Der Einsatz der Mittel soll über ein kompetentes Gremium mit hoher Effektivität gesteuert werden, vor allem solle es Klein- und Mittelbetrieben zugute kommen. Dieses Gremium müsse paritätisch aus Vertretern der DDR, Hongkongs und der Schweiz gebildet werden.

Es ist Anfang August und ich bin wieder bei Lothar Moritz, der sich erkundigt, ob etwas an die Presse durchgesickert sei. Ich verneine und frage, ob aus dem Innenministerium schon eine Antwort gekommen sei.

»Diestel hat anscheinend Feuer gefangen. Nach allem, was mir an Informationen vorliegt, will er eine Vorlage fürs Kabinett vorbereiten.«

»Typisch Diestel«, erwidere ich, »er will's wissen und geht's erst mal an.«

»Darauf hat Reichenbach gesetzt.«

»Und wie sollen die zehntausend Hongkong-Chinesen verteilt werden?«

»Neben dem Bezirk will auch Leipzig fünftausend formell aufnehmen.«

»Habt ihr das schriftlich?«

»Ja. Es gibt ein entsprechendes Schreiben vom 9. Juli.«

»Wenn das schon fast einen Monat her ist, dann waren die sich bei diesem Deal doch alle einig und brauchen nur noch die Absegnung der Regierung«, schlussfolgere ich. »Hast du das Papier da?«

Moritz sucht etwas in einem Fach, denn die Oberfläche seines Schreibtischs ist immer gut aufgeräumt, so aufgeräumt wie er selbst. Die »Chinesennummer« – über das Wort aus seinem Mund habe ich mich sowieso gewundert – passt so gar nicht zu diesem perfekt geordneten Mann. Am oberen Rand des Schriftstücks, das er mir zeigt, steht quer in großen Lettern »Bezirksverwaltungsbehörde Chemnitz – Der Regierungsbevollmächtigte«. (Die Stadtverordnetenversammlung von Karl-Marx-Stadt hatte – dem Entscheid einer Volksbefragung von Ende April folgend – am 1. Juni 1990 die Rückbenennung in Chemnitz beschlossen.)

Als Theologen springt mir ins Auge, dass im vorliegenden Papier geistlicher Beistand bemüht wird. »Der

Bischof der katholischen Kirche des Landes Sachsen befürwortete ebenfalls diese Einbürgerungen, da man davon ausgehen sollte, dass es sich bei diesem Personenkreis um größtenteils sehr religiöse Menschen handelt und es Christenpflicht sei, diesen Menschen zu helfen.«

Aha, denke ich, da haben sie wieder einen von der Kirche belatschert. Der Absatz wirkt wie ein Fremdkörper und hat nichts mit der DDR-Wirklichkeit zu tun. So bewirkt man nichts. Oder doch?

Im Papier wird darauf verwiesen, dass auch Großbritannien 225.000 Hongkong-Chinesen die britische Staatsbürgerschaft zuerkennt und Premierministerin Thatcher das auch von allen anderen EG-Staaten erwarte. Die DDR gehöre nun auch bald dazu.

Und dann wird Bezug genommen auf Herrn »Klaus Reichenbach, Minister im Ministerium für Wirtschaft«, der ebenfalls die Einbürgerung befürworte. Ich stutze.

»Minister für Wirtschaft?«, frage ich Moritz. »Wissen Sie nicht, dass Reichenbach ›Minister im Amt des Ministerpräsidenten‹ ist?«

»Sieht so aus«, erwidert Moritz.

»Aber dass Klaus Reichenbach von Anfang an involviert war, schließen Sie nicht aus?«

»Nein. Ich glaube, er war schon von Anfang dabei.«

»Haben Sie darüber gesprochen?«

»Ja, nach unserem Gespräch.«

»Und, wie sieht er das?«

»Er ist froh, dass Diestel die Sache übernimmt und eine Kabinettsvorlage vorbereitet.«

»Wann soll die Vorlage ins Kabinett?«

»Am 15. August.«

»Dann geht sie aber auch naturgemäß über Reichenbachs Tisch.«

»Der will aber nicht unterschreiben.«

»Also bleibt die Verantwortung bei Diestel.«

Diestel hat, treuherzig wie er ist, einen Fall zugeschoben bekommen, für den er später geprügelt werden wird, denke ich mit.

Einen Tag vor der Kabinettssitzung am 15. August erhalte ich die dreiseitige Vorlage 984/90, sie trägt den Titel: »Beschluss über die Verleihung der Staatsbürgerschaft der Deutschen Demokratischen Republik«. Einreicher und Unterzeichner ist der Innenminister. »Im Interesse der Förderung der Investitionsbereitschaft ausländischer Investoren für die Sanierung, Rekonstruktion und Erneuerung von Klein- und Mittelbetrieben sowie zur Förderung ausländischer Kapitaleinlagen auf der Grundlage des Niederlassungsgesetzes vom 28. Juni 1990 ist bei vorliegender Absichtserklärung, entsprechend dem Gesetz über die Staatsbürgerschaft der DDR vom 20. Februar 1967 in der Fassung des Gesetzes zur Änderung des Gesetzes über die Staatsbürgerschaft der DDR vom 29. Januar 1990, die Staatsbürgerschaft der DDR zu verleihen. Die notwendigen Anträge und Unterlagen sind an den Minister des Inneren einzureichen und dem Ministerrat zur Entscheidung vorzulegen. Den vorliegenden 52 Anträgen von Persönlichkeiten des Stadtstaates Hongkong zur Erlangung der Staatsbürgerschaft der DDR wird unter den humanitären Gesichtspunkten prinzipiell zugestimmt. Der Minister des Inneren wird beauftragt, die entsprechenden Verfahren zur Verleihung der Staatsbürgerschaft umgehend einzuleiten.

Begründung: Autorisierte beauftragte einer Gruppe von Bürgern des Stadtstaates Hongkong aus führenden Kreisen der Industrie, des Handels und der Banken sind bereit, unverzüglich auf dem Gebiet der DDR langfristig auf 25 Jahre angelegte Investitionskredite einzusetzen und dazu die notwendigen Banksicherheiten zu gewähren. Sie verbinden diese Bereitschaft mit der Bitte, aus humanitären Gesichtspunkten die DDR-Staatsbürgerschaft zu erlangen, um mit det Ende der 90er Jahre vertraglich vorgesehenen Angliederung des Stadtstaates Hongkong an die Volksrepublik China eine gesicherte Existenz in Demokratie und Freiheit zu haben. Es ist von diesen Bürgern nicht beabsichtigt, in den nächsten Jahren Wohnsitz auf dem Gebiet der DDR zu nehmen. Das Gesetz über die Staatsbürgerschaft der DDR vom 29. Februar 1967 und die erfolgten Änderungen lassen die im vorliegenden Beschlussentwurf vorgesehene Regelung zu. Aus humanitären Gründen und im Interesse einer schnellen Sanierung und Belebung der Wirtschaft, vor allem im klein- und mittelständischen Bereich, ist die sofortige Investitionsbereitschaft unverzichtbar und dem Anliegen zuzustimmen.«

Während der Sitzung ergreift Diestel das Wort, unterstreicht die humanitäre Seite des Projektes und stellt die zu erwartenden wirtschaftlichen Hilfen heraus.

Reichenbach nickt.

Die Einzige, die intensiv interveniert, ist die Ausländerbeauftragte Almuth Berger. Sie verweist auf Flüchtlinge aus den ehemaligen Ostblockstaaten ohne Geld, die nicht mehr in die DDR reingelassen werden, auf die »Vertragsarbeiter«, die schon da sind, und darauf, dass man Pässe nicht verkaufen könne.

Die Ausländerbeauftragte hat kein Stimmrecht.

Ich hatte vor der Kabinettssitzung mit Lothar de Maizière gesprochen. Er meinte, es würde erstens aufgrund der viel zu kurzen Zeitspanne bis zur Wiedervereinigung sowieso zu keiner Einbürgerung mehr kommen, und zweitens sichere sich der Ministerrat im Wortlaut des Beschlusses damit ab, dass in jedem Fall eine Einzelentscheidung getroffen werden müsse – de facto auch jeder abgelehnt werden könne.

Meinem Gedanken, dass es sich eventuell um eine Betrugsmasche handeln könne, schließt er sich nicht an.

Ich habe den Eindruck, de Maizière will von dem Thema nichts wissen.

Es ist ihm lästig, denn es gibt eine Menge von innenpolitischen Brennpunkten, die ihn mehr beschäftigen als irgendwelche Hongkong-Chinesen. Die SPD hat soeben die Koalition verlassen. Wird sie in der Volkskammer dennoch für den Einigungsvertrag stimmen? Ohne Mehrheiten käme man eventuell nur über viele kleine Schritte zur deutschen Einheit.

Es gibt landesweite Bauernproteste.

Und der CDU-Vorsitzende Lothar de Maizière hat seinen Generalsekretär Martin Kirchner beurlaubt.

Die Vier-plus-Zwei-Gespräche sind in der Endphase und die Spannungen am Persischen Golf steigen.

Überall größere Probleme, Krisen, Notstände.

Ich wende mich wieder an Lothar Moritz, um über den »Nebenkriegsschauplatz« Hongkong-Chinesen informiert zu bleiben. Von ihm erfahre ich, dass es inzwischen auch einen amtlichen schriftlichen »Vermerk« aus dem Außenministerium über Arturo Seligrat und seine Firma gibt. Darin heißt es: »Die Firma und ihr Direktor werden als seriös eingeschätzt.« Zudem existiert inzwischen eine Liste mit Namen und sonstigen Angaben von 52 Chinesen, die allerdings keiner von uns kennt.

Der 15. August 1990 ist ein Mittwoch. In der Pressekonferenz nach der Kabinettssitzung erwähne ich die Hongkong-Chinesen nicht. Der Beschluss trägt den Vermerk »intern« und wird von mir also nicht bekannt gemacht. Schon am Donnerstag bekomme ich mit, dass die *Süddeutsche Zeitung* in der Spur ist, am Wochenende hat sie das Thema im Blatt. Unter der Überschrift »Hongkonger Industrielle sollen DDR-Bürger werden« werden Teile der Kabinettsvorlage zitiert. Die vertrauliche Vorlage ist durchgestochen worden. Klar ist auch, wer hier Druck macht: die Ausländerbeauftrage. Sie wird im Artikel als diejenige genannt, die gegen den Beschluss gekämpft habe. »Almuth Berger setzte sich im Kabinett gegen den Beschluss heftig zur Wehr. Ihr erscheint es, wie zu hören ist, schlicht unmöglich, Hongkong-Chinesen für viel Geld zu DDR-Bürgern zu machen, während mittellose Flüchtlinge aus anderen Staaten zurückgeschickt würden. Frau Berger sprach im Kabinett dem Vernehmen nach besonders das Problem der Vietnamesen in der DDR an. Die Vietnamesen waren aufgrund von Verträgen zwischen dem SED-Regime und dem asiatischen

Land als Arbeitskräfte in die DDR gekommen. Angesichts der steigenden Arbeitslosigkeit würden sie jetzt nicht mehr gebraucht und seien der Ausländerfeindlichkeit in der DDR ausgesetzt. Niemand von ihnen würde es verstehen, wenn sie nun die DDR verlassen müssten, während reiche Hongkong-Bürger die DDR-Staatsbürgerschaft erhalten. Das Kabinett einigte sich darauf, Vietnamesen, die in der DDR bleiben wollen, nicht in ihre Heimat zurückzuschicken.«

Die Bombe ist geplatzt. Mein Wochenende, das eh keins ist, ist gelaufen. Es gibt Anfragen über Anfragen. Selbst so große politische Themen wie der Austritt der Ost-SPD aus der Koalition und dass der Beitritt zur Bundesrepublik angeblich schon am 12. September erfolgen könne, scheinen die Aufklärungswut einiger Journalistinnen und Journalisten nicht so anzufachen wie die Hongkong-Chinesen. Am Montag, den 20. August, haben es fast alle Medien.

Trotzdem ist die »Chinesennummer« nur ein kleiner Teil der Meldungen in der Presseschau des Regierungssprechers. Sie fällt unter die Rubrik: »Das auch noch.« Ich behandle die Nachricht in den Pressekonferenz als Randnotiz, denn es gibt tatsächlich Wichtigeres. Wenn die *Frankfurter Rundschau* schreibt »Reiche Chinesen ›kaufen‹ Aufenthalt in der DDR«, dann hat sie recht und unrecht zugleich: Es gibt einen Beschluss – aber passiert ist noch nichts.

In der Regierungspressekonferenz bestätige ich den Kabinettsbeschluss. Ich werde gefragt, ob es mehr als 52 Chinesen werden. »Im Beschluss ist nur von 52 die

Rede«, sage ich und verschweige, dass hinter der Investitionssumme von fünfzehn Milliarden eigentlich bis zu zehntausend Chinesen stehen.

Inzwischen hat das Thema auch die Bundespressekonferenz in Bonn erreicht. Die Nachrichtenagentur *dpa* meldet: »Die Überlegungen der Ost-Berliner Regierung, reichen Hongkong-Chinesen gegen einen langfristigen Milliardenkredit die Staatsbürgerschaft zu verleihen, sind in Bonn auf Verständnis gestoßen.« Regierungssprecher Dieter Vogel meint gegenüber der Agentur, dass die Bundesregierung zwar bisher keine Bestätigung für diese Pläne habe, aber jede Regierung das Recht besäße, Menschen einzubürgern. Vogel sagt mit dem Verweis auf die wirtschaftlichen Probleme in der DDR: »Wenn sie Geld mitbringen, umso besser.« Hinter den Kulissen jedoch laufen, trotz öffentlicher Betonung der Souveränität der DDR, die Drähte heiß.

Schon am Dienstag, dem 21. August, erreicht DDR-Innenmister Diestel ein Schreiben von Staatssekretär Neusel aus dem Bundesministerium des Inneren in Bonn: »Sehr geehrter Herr Minister, nach Agenturmeldungen soll dem Ministerrat der DDR eine Kabinettvorlage mit dem Vorschlag vorliegen, 52 führende Persönlichkeiten aus Industrie und Finanzwelt Hongkongs im Hinblick auf einen langfristigen Milliardenkredit die DDR-Staatsbürgerschaft zu verleihen.

Die Bundesregierung war – wie übrigens auch die Regierungen anderer osteuropäischen Staaten – in jüngster Zeit mehrfach ähnlichen Ansinnen ausgesetzt, hat ihnen aber aus rechtlichen und politischen Gründen nicht entsprochen. Neben dem Gesichtspunkt der völkerrechtlichen Rücksichtnahme auf die Interessen Chinas war dabei vor allem die Überlegung maßgebend, dass humanitäre Gründe solche Maßnahmen derzeit nicht rechtfertigen könnten, da keine aktuelle Schutzbedürftigkeit besteht.

Stattdessen ist an die Erteilung von Vorabstimmungen zu Aufenthaltserlaubnissen gedacht worden. Da Einbürgerungen, die die Deutsche Demokratische Republik vornimmt, nach der die Verfassungsorgane der Bundesrepublik Deutschland bindenden Rechtsprechung des Bundesverfassungsgerichts im Regelfall zugleich den Erwerb der deutschen Staatsangehörigkeit im Sinne des Grundgesetzes bewirken, wäre ich dankbar, wenn vor einer Entscheidung eine Abstimmung zwischen unseren beiden Häusern stattfinden könnte.«

Im *Neuen Deutschland* erscheint ein Interview von Christina Matte mit Herrn Henschler vom DDR-Innenministerium. Darin wird hintergründig gefragt, ob »sich eine derartige humanitäre Lösung nun auch für all jene Ausländer« andeutet, »die ihren ständigen Wohnsitz hier nehmen möchten?« Gedacht ist an die vielen Vertragsarbeiter. Das *Neue Deutschland* spekuliert, dass die »Chinesennummer« ein zwischen Bonn und Diestel abgekartetes Spiel sei, um letztlich der Bundesrepublik über diesen Umweg zu 15 Milliarden Dollar zu verhelfen. Eine solche Aktion wäre nach Bundesrecht nicht zulässig. Matte fragt: »Das Ganze sieht aus wie ein ganz linkes Ding. Wenn es die DDR nicht mehr gibt, wer verfügt dann über die 15 Milliarden?«

In Bonn herrscht inzwischen Alarmstimmung. Die Unterabteilung U1 der Abteilung »Innere Angelegenheiten« fertigt, datiert auf den 27. August 1990, einen vertraulichen Vermerk über Rücksprachen im Bundesministerium des Inneren zu »Ausländerangelegenheiten«, die im Rahmen der Sitzung der Staatssekretäre in Bonn am 24. August geführt wurden. Im Vermerk ist festgehalten, dass die Fachbereiche des BMI inklusive Staatssekretär Neusel eine dem Kabinetts-Beschluss der DDR-Regierung vom 15. August »klar gegenteilige Position« vertreten. »Sollte Bundesminister Dr. Schäuble der Einbürgerung von 52 Personen zugestimmt haben, wird dringend ersucht – auch unter Berücksichtigung offizieller kommerzieller Interessen der DDR – von weiteren Aktivitäten Abstand zu nehmen. Nach dem bundesdeutschen Staatsangehörigkeitsrecht gäbe es keinerlei Chance, die deutsche Staatsangehörigkeit ohne längeren Wohnsitz in der Bundesrepublik zu erwerben.

Zum Weiteren wurde angemahnt, dass die DDR-Organe beziehungsweise ihre Rechtsnachfolger erhebliche Probleme mit den Behörden der VR China erhielten, die einen derartigen Erwerb einer zweiten Staatsbürgerschaft innerstaatlich niemals anerkennen würden. Die Gefährdung dieser Bürger würde so eher noch wachsen.«

Besprochen wurde auch, dass die Ausländerbeauftragte der DDR, Almuth Berger, den Staatsbürgerschaftsbeschluss der DDR vom 15. August zum Anlass genommen habe, einen Ministerratsbeschluss zum Bleiberecht von etwa fünftausend ausländischen Werktätigen nachzuschieben, der nach Ablehnung durch das Innenministerium zurückgezogen worden war. Gewarnt wird generell davor, Präzedenzfälle zu schaffen. Im Rahmen dieser Unterredung kommt ein weiteres Zuwanderer-Problem zur Sprache – der Zuzug jüdischer Bürger aus der UdSSR. Aufgrund von »unlösbaren Integrationsproblemen« in den Kommunen wird auf Seite 3 im Vermerk erwähnt, dass das Innenministerium der DDR durch das Innenministerium der Bundesrepublik »ersucht wurde, die durch den Ministerrat der DDR bewilligte Zuwanderung jüdischer Bürger aus der UdSSR abzustoppen«.

Die beiden Regierungen hatten intern besprochen, etwa siebenhundert sich in der DDR aufhaltende jüdischen Bürgern aus der UdSSR den ständigen Aufenthalt zu genehmigen. Aber schon »gegenwärtig werden 1.256 Anträge solcher Bürger im Zentralen Amt für Ausländerangelegenheiten unbürokratisch bearbeitet«. In den Konsulaten der Bundesrepublik in der UdSSR häufen sich die Anträge auf Einbürgerung. Verwiesen wird »auf die großzügigen Praktiken der DDR«.

Ungeachtet der angespannten Einbürgerungssituation unterzeichnen die beiden DDR-Beauftragten Rudhard Riedel und Dr. Paul-Willy Heilmann am 23. August einen Vertrag mit den Beauftragten der Hongkong-Chinesen. Entweder wissen sie nichts über den Hintergrund des Vorgangs – oder sie ziehen die Sache radikal durch. Für die Einbürgerungswilligen unterschreiben Arturo Seligrat und Josef A. Stoppel. Im Vertrag heißt es auf Seite 3: »Beginnend mit einer Gruppe von 52 Personen wird die DDR-Staatsbürgerschaft bis zu 10.000 Hongkong-Staatsbürgern verliehen.«

Das steht so nicht im Beschluss des Ministerrates. Der Vertrag geht also weit über den Kabinettsbeschluss hinaus. Aber das weiß ich noch nicht. Mir liegt kein Vertrag vor. Die Hongkong-Chinesen-Affäre verschwindet trotz dringlicherer Themen nicht, immer wieder gibt es Nachfragen und Beiträge zu diesem »Dauerbrenner«. So erscheint am 8. September in der *Märkischen Oderzeitung* ein Exklusivbericht des Südostasien-Korrespondenten Peter Seidlitz mit der Überschrift: »DDR-Regierung auf Hochstapelei reingefallen«. Seidlitz hat gute journalistische Arbeit geleistet. »Der Spanier Arturo Seligrat hatte vor einigen Monaten schon in der Lokalpresse Hongkongs Aufsehen erregt, nachdem er spanische Pässe gegen Investitionen auf der iberischen Halbinsel feilgeboten hatte. Der Handelsrat des spanischen Generalkonsulates, Manuel Garcia-Aranda, hatte daraufhin öffentlich gegenüber der Tageszeitung *South China Morning Post* richtiggestellt, dass Spanien erst nach zehnjähriger Residenz bei Ausländern Staatsbürgerschaftsanträge prüft. Überdies hatte das spanische Generalkonsulat Seligrat vorgeworfen, sich fälschlicherweise als spanischer Abgeordneter ausgegeben zu haben. Auch andere Geschäftsleute, darunter DDR-Bürger, versuchen nach der Entscheidung des Ministerrates zur Verteilung von Pässen an Chinesen aus Hongkong Kapital zu schlagen.

So war unverzüglich der DDR-Verleger Hellfried Schreiter von Ostberlin in die britische Kolonie geeilt und hatte nach eigenen Angaben in den letzten Tagen Gespräche mit Seligrat über Investitionen Hongkonger Chinesen in der DDR geführt. Schreiter hatte aus dem

DDR-Innenministerium den Hinweis auf die spanische Firma erhalten.

Der Verleger, ein ehemaliger DDR-Schriftsteller, war 1987 in die Bundesrepublik übergesiedelt und hatte in den letzten Jahren einen festen freien Vertrag als Autor des Nachrichtenmagazins *Stern* gehabt. Nach dem Zusammenbruch des kommunistischen Regimes gründete Schreiter mehrere Firmen in Ostberlin. [...] Für diese Firmen sucht Schreiter, der seit letzter Woche in Hongkongs Nobelherberge ›The Regent‹ logiert, chinesische Kommanditisten. In Begleitung von Schreiter hält sich Renate Reed in Hongkong auf, die Ex-Frau des 1986 unter mysteriösen Umständen ertrunkenen Sängers Dean Reed. Dieser ist ein Amerikaner, der 1973 in die DDR überwechselte, hatte bis zu seinem Tod Propagandadienste für den DDR-Staat geleistet und war auch ein beliebter Vorzeigekünstler in der UdSSR gewesen. Schreiter meinte in einem Gespräch, die DDR-Regierung habe keinerlei Recherchen vor der pauschalen Erteilung der Staatsbürgerschaften von Hongkonger Chinesen gemacht: Sie hat ja auch keinen funktionierenden Apparat. [...] Die DDR-Regierung sei auf ›eine Hochstapelei reingefallen‹.

Die Unsicherheit der DDR-Regierung war auch in einer Erklärung des Ostberliner Regierungssprechers Matthias Gehler durchgeschlagen, der zu Wochenbeginn auf einen ersten Bericht unserer Zeitung hin wörtlich gesagt hatte: ›Bisher gibt es keinen Einbürgerungsantrag und es gibt kein Geld.‹ Ungeklärt bleibt bislang allerdings die Frage, wer innerhalb der DDR-Regierung die politische Verantwortung für das blamable Vorgehen trägt. Und wie Kabinettsentscheidungen zustande kommen können, die offensichtlich auf völlig ungeprüften Vorgaben beruhen.«

Natürlich war das, was ich gesagt habe, nicht falsch – es gab keinen Antrag und war auch kein Geld geflossen. Aber Seidlitz hatte mit seiner Feststellung auch recht, dass unsere Möglichkeiten zu agieren inzwischen sehr beschränkt waren.

Da ich auch noch fünf Minuten vor dem Ende der DDR für diesen Staat stehe, rufe ich Innenminister Diestel an und frage, was er wisse. Der Innenminister hat den Artikel auch schon gelesen. Er wirkt zerknirscht.

»Matthias, dass du da so mit reingezogen wirst, das tut mir leid. Die Sache ist ein heißes Eisen. Ich hatte das bisher nicht selbst in der Hand.«

»Aber deine Unterschrift steht unter der Vorlage.«

»Klar, aber ich muss doch davon ausgehen, dass das alles geprüft ist.«

»Wer hat dich denn wegen der Hongkong-Chinesen zuerst angesprochen?«

»Das ist von Reichenbach gekommen.«

»Gut, dann verbleiben wir erst einmal so: Ich bestätige, solange ich nichts von dir höre, bei Pressekonferenzen und Journalisten-Anfragen immer die Kabinetts-Vorlage, die von 52 Chinesen ausgeht. Sind irgendwo mehr im Spiel, also fünf- bis zehntausend, sagst du mir bitte sofort Bescheid.«

Diestel verspricht, mich zu informieren. Dann überschlagen sich die Ereignisse. Am 9. September steht die

»Chinesennummer« auf der ersten Seite der *Bild am Sonntag*. »BamS enthüllt Geheimvertrag«. In übergroßen Lettern prangt darunter die eigentliche Überschrift: »DDR macht 10.000 Chinesen zu Deutschen«.

Von Kopfgeld vor der Wiedervereinigung und davon, dass wir Bonn getäuscht hätten, ist die Rede. Trotz des reißerischen Aufmachers muss man neidlos gestehen, dass der Artikel hervorragend recherchiert und wie ein Krimi geschrieben ist. Sie haben recherchiert und damit die Arbeit der Ministerien gemacht. Helmut Bögner, der Autor, eröffnet geschickt: »Mister Raymond Kwok, Geschäftsführer von Sun Hung Kai, der größten Immobilienfirma Hongkongs, war letzte Woche ziemlich geschockt: ›Ich will überhaupt kein DDR-Bürger werden‹, sagte er zu *Bild am Sonntag*-Reportern. ›Ich habe null Ahnung, wie ich auf diese verdammte Liste komme.‹ Mr. Kwok ist die Nummer 15 auf einer Liste von 52 Hongkong-Chinesen, denen die DDR-Regierung am 15. August per Kabinettsbeschluss die Einbürgerung erlaubte.«

Es ist blamabel, dass die Personen so leicht überprüfbar sind und sich vermutlich keiner aus dem Regierungsapparat die Mühe gemacht hat, jemanden mit der Prüfung zu beauftragen. Es stellt sich nicht nur die Frage, ob sie es nicht konnten, sondern auch jene, ob man es nicht wollte. Weiter heißt es in der *Bild am Sonntag*, Herr Kwok sei »einer von 52 angeblich reichen Bürgern, die insgesamt 15 Milliarden Mark in der DDR investieren wollten. Der lebende Beweis, wie die DDR-Regierung von dem undurchsichtigen spanischen Finanzmakler Senior Arturo Seligrat aufs Kreuz gelegt wurde.«

Da waren nicht nur ein paar Mitarbeiter blauäugig, sondern unser Botschafter hatte auch oberflächlich zu Seligrat recherchiert.

»Die Liste – beginnend mit einem gewissen Au Man Kit und endend mit Keith Chan – diente nur als Köder, um von der DDR das grundsätzliche Okay für ein Geschäft ›Geld gegen Pässe‹ zu bekommen. Danach erst wäre er auf die Suche gegangen worden. Die Namen darauf sind entweder frei erfunden, oder den Betroffenen ist davon nichts bekannt.«

Dann führt Helmut Bögner noch ein kurioses Beispiel an: »Nummer 14, Reisebüromanagerin Marina Ma, fragt sich z. B. zu Recht, was sie mit einem DDR-Pass solle: Sie hat die kanadische Staatsbürgerschaft.«

Als nächstes wird meine Aussage als Regierungssprecher aufs Korn genommen, dass noch kein einziger Chinese in Ostberlin einen Einbürgerungsantrag gestellt habe. In der *BamS* heißt es zu Recht: »Warum sollten sie auch? Die Chinesen in Hongkong waren schon frühzeitig gewarnt: Ihnen ist Seligrat kein Unbekannter. Schon vor Monaten hatte er ein ähnliches Geschäft versucht: Spanische Pässe gegen Grundstücke in Marbella. Das spanische Konsulat in Hongkong hatte daraufhin vor dem Betrüger gewarnt. Der DDR-Botschafter in Madrid Dr. Harry Spindler hat dies wohl offensichtlich nicht mitbekommen. Er kabelte nach Berlin, der Mann ist seriös.«

Auch die Frage nach dem Benefit für die »Hochstabler« wird im Artikel beantwortet: »Wenn es klappt – ein Millionengeschäft für die Herren Seligrat und Stoppel [...]. Allein an Gebühren rechnet der Münchner mit zwanzigtausend Mark pro Pass. Macht bei zehntausend Chinesen zweihundert Millionen Mark.«

Nachdem ich von überall her, kraft meines Amtes, sämtliche Unterlagen angefordert habe, bekomme ich auch den Vertrag und weitere Papiere in die Hände. Ich nehme Rücksprache mit de Maizière, Reichenbach und Diestel.

Mein Freund Karl-Heinz Baum von der *Frankfurter Rundschau* schreibt am 11. September treffend »Handel mit Hongkong-Chinesen gerät zur Politposse«, und die Nachrichtenagentur *dpa* meldet: »Regierungssprecher Matthias Gehler bestätigte am Montag in Ost-Berlin, dass es eine Vereinbarung zwischen den Sprechern der Gruppe der 52 und DDR-Regierungsbeauftragten gibt. Darin sei davon die Rede, bis zu 10.000 Hongkong-Chinesen die DDR-Staatsbürgerschaft zu ermöglichen.

Die Beauftragten der DDR-Regierung hätten damit eindeutig ihre Kompetenzen überschritten und müssten mit Konsequenzen rechnen.«

Die Herren wurden von ihrer Beauftragung entbunden. Ob ihnen ein Salär versprochen wurde, war nicht zu klären. Meines Wissens hat es bis zum 3. Oktober 1990, dem Tag der Wiedervereinigung, keine einzige Einbürgerung eines Hongkong-Chinesen gegeben.

Deutsche Pässe sind nach wie vor viel wert. Man sagt bis zu 650.000 Euro. Wer einen deutschen Pass hat, kann weltweit in 191 Länder einreisen, ohne ein Visum zu beantragen.

Das Thema wird weiterhin von Journalisten in sehr ernster und konsequenter, teils gefährlicher Recherche verfolgt. Denis Kremer von der *Frankfurter Allgemeinen Sonntagszeitung* hat dazu am 22. November 2020 einen ganzseitigen Artikel geschrieben. EU-Länder wie Zypern, Malta, Bulgarien, Portugal und Griechenland haben auf diese Weise ihre Kassen gefüllt. Das gilt auch für sogenannte Goldene Visa, Aufenthaltsgenehmigungen, die man für Geld erwerben kann. Die *FAS* schrieb: »So hat Portugal seit 2012 rund 5,5 Milliarden Euro verdient, in Zypern sollen es seit 2013 rund 7 Milliarden Euro gewesen sein.« Beim Ausbruch der Corona-Pandemie gab es deutlich mehr Anfragen nach EU-Pässen, um sich auch medizinisch hochwertig behandeln lassen zu können. Für Reiche, die einen Pass haben wollen, gibt es Beratungsfirmen. Die Beratungsleistungen, so schreibt Kremer, lägen bei 10.000 bis 100.000 Euro.

Mit einem EU-Pass kann man sich im Schengen-Raum ungehindert bewegen und genießt Niederlassungsfreiheit. Auch wenn EU-Präsidentin Ursula von der Leyen gesagt hat, dass europäische Werte keine Ware seien, wird das Geschäft mit Pässen nicht sterben. Das *Redaktions-Netzwerk-Deutschland* (RND) berichtete am 17. März 2022, dass nach Recherchen des EU-Parlaments EU-Staaten »zwischen 2011 und 2019 mit dem Verkauf von Staatsbürgerschaften und Aufenthaltsgenehmigungen an wohlhabende Ausländer 21,4 Milliarden Euro eingenommen« hätten. Von dieser Praxis profitieren auch viele reiche Russen, die auf diese Weise Sanktionen umgehen. Inzwischen hat das EU-Parlament eine Resolution verabschiedet, um den Verkauf von EU-Staatsbürgerschaften zu verbieten.

Der USA-Besuch

Ich war noch nie in Amerika! Als DDR-Bürger kenne ich Amerika allenfalls aus dem Geographie- oder Geschichtsunterricht. Demnach ist es das Land des Sklavenhandels, der Rassenunterschiede und die kapitalistische Weltmacht, die nur darauf aus ist, allen ihren Willen aufzudrängen.

Für mich persönlich verbinden sich die USA mit Atombomben auf Hiroshima und Nagasaki, mit dem Vietnam-Krieg, mit dem Verhör Bertolt Brechts vor den Ausschuss für unamerikanische Tätigkeit, mit Pietismus und mit Martin Luther King.

Ich habe als Kind Karl-May-Bücher gelesen, liebe schwarze Musik, Joan Baez und Bob Dylan. Und ich kenne Amerika aus dem Kino. Zum Beispiel mag ich Sergio Leones Film »Es war einmal in Amerika«. Das 1984 gedrehte Gangster-Epos über die zwanziger Jahre hat in mir ein Cocktailgefühl von Freiheit, Selbstverwirklichung, Brutalität, Feinsinnigkeit und Risiko hinterlassen.

Und jetzt planen wir eine Reise in dieses Land. Wir werden den Präsidenten im Weißen Haus besuchen, in New York vom Generalsekretär der Vereinten Nationen empfangen und die Freiheitsstatue sehen.

Es bleibt mir keine Zeit, mich genügend vorzubereiten. Mit meiner Stellvertreterin Angela Merkel spreche ich ab, welche Themen sie in der Zwischenzeit erwarten. Ich lasse mir einige Unterlagen zu den Handelsbeziehungen mit den USA und den Personen, die wir treffen, zusammenstellen.

Der Ministerpräsident reist im engsten Kreis in die USA. Die Begleitung besteht aus der Büroleiterin Sylvia Schulz, dem Berater im Büro des Ministerpräsidenten Fritz Holzwarth, dem Leiter der Abteilung Außen- und Sicherheitspolitik im Amt des Ministerpräsidenten Thilo Steinbach und mir als Regierungssprecher. Bei Begrüßung und der Tischplatzierung kommt mir zugute, dass ich als Staatssekretär protokollarisch als Erster nach dem Ministerpräsidenten geführt werde. Neben uns vier Begleitern stehen noch Franz Jahsnowski, der Protokollchef, Christian Meyer, ein Außenwirtschaftsberater, und Wolfgang Ghantus, der Dolmetscher, auf der Liste. Sie nehmen aber nicht an allen Terminen teil.

Abflug mit der Sondermaschine der Interflug ist am Samstag, dem 9. Juni, um 10.15 Uhr auf dem Sonderteil des Zentralflughafens Berlin-Schönefeld. Die IL 62 M startet pünktlich. Wir sind knapp sieben Stunden unterwegs und landen zum Auftanken auf dem Gander International Airport.

Ich werde sentimental und an eine Zeit erinnert, als die Grenzen noch dicht waren: Auf diesem kanadischen Flughafen hatte sich einst Ulrike, eine gute Freundin, mit ihrem kubanischen Mann in die Freiheit gerettet. Sie waren auf Urlaubsreise ins Heimatland ihres Gatten in Gander ausgestiegen, hatten um Asyl gebeten und leben seitdem in Kanada. Die Zeiten haben sich geändert. Ich muss nicht flüchten, sondern bin nun mit meinen 35 Lebensjahren ganz legitim unterwegs in ein Land, dass ich schon immer erkunden wollte. Die friedliche Revolution hat es möglich gemacht. Bob Dylan singt in meinem Kopf: »The Times They Are A-Changing«.

Die Maschine fliegt tief. Die Tür zum Cockpit ist offen. Mein Blick zwischen den Piloten fällt auf ein weites Land, bedeckt mit unendlichen Wäldern. Ich fühle Freiheit und schüttle gedanklich vieles ab, was mich in der Diktatur eingeschränkt hatte. Möge sie uns erhalten bleiben – die Freiheit. Mögen wir achtsam bleiben, dass sie uns am Leben bleibt – unsere Freiheit, denn die Freiheit stirbt bekanntlich langsam.

Ich habe das Flugzeug voller Journalisten gepackt. Die 32 Pressevertreter sind zumeist handverlesen, mir fast alle bekannt. Ich bin sicher, dass der Besuch ein medienwirksames Ereignis wird. Das sollte es auch, denn die Signale,

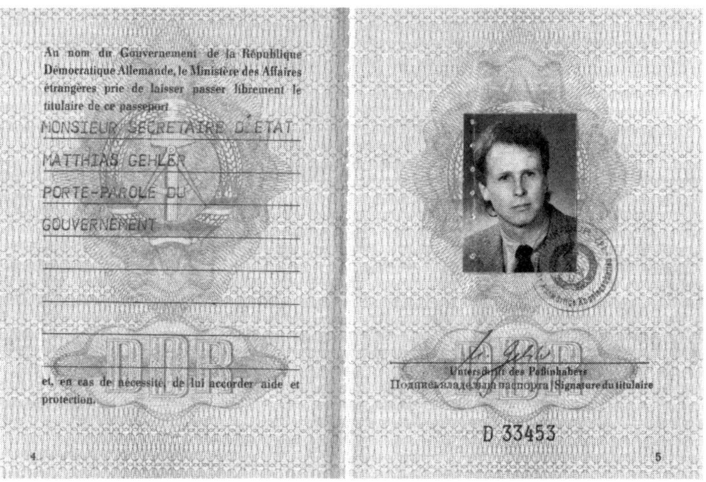

Au nom du Gouvernement de la République Démocratique Allemande, le Ministère des Affaires étrangères prie de laisser passer librement le titulaire de ce passeport

MONSIEUR SECRETAIRE D'ETAT
MATTHIAS GEHLER
PORTE-PAROLE DU
GOUVERNEMENT

et, en cas de nécessité, de lui accorder aide et protection.

4

Unterschrift des Paßinhabers
Подпись владельца паспорта | Signature du titulaire

D 33453

5

Der Diplomatenpass

die wir aus den USA zur deutschen Einheit bekommen, sind durchweg positiv.

Schon während des Flugs haben die Journalisten Gelegenheit, mit dem Ministerpräsidenten zu reden. Es sind spezielle Zeiten eingeplant, und es gibt eine Liste. Auch Thilo Steinbach, der die Abteilung 4, Außen- und Sicherheitspolitik im Amt des Ministerpräsidenten, leitet, redet während des Flugs mit Journalisten. Steinbach ist erst 26 Jahre alt, ein intelligenter, sympathischer Kerl. Er berät de Maizière in Sachen Außenpolitik. Im Umgang mit der Presse ist Steinbach unerfahren. Neben ihm sitzt Ulrich Deupmann von der *Süddeutschen Zeitung*, jünger noch als Steinbach, voller Tatendrang. Er will sich seine Sporen im Journalismus erst noch verdienen.

Am nächsten Tag herrscht während eines Pressebriefings große Aufregung. Die Journalisten beschweren sich darüber, dass während der Reise bevorzugt informiert werde. Sie hätten schon von ihren Heimatredaktionen Anfragen bekommen, wieso sie nicht auf dem Laufenden seien. Die *Süddeutsche Zeitung* berichte in einem langen Artikel von einer geheimen Botschaft von Gorbatschow an Bush, die de Maizière im Gepäck habe.

Im Flugzeug müssen sich der außenpolitische Berater de Maizières und der Journalist der *Süddeutschen* gründlich missverstanden haben – es gibt keine solche Botschaft. Der Artikel ist Unsinn. Unter der Dachzeile »DDR-Ministerpräsident überbringt Bush einen mit Gorbatschow abgestimmten Plan« titelt die *Süddeutsche Zeitung*: »Moskau macht Umwandlung der NATO in politische Allianz zur Bedingung für Mitgliedschaft

Deutschlands«. Im Anlauftext heißt es: »DDR-Ministerpräsident Lothar de Maizière wird US-Präsident George Bush [...] einen Sicherheitsplan für ein vereinigtes Deutschland vorlegen, der prinzipiell auf Überlegungen des sowjetischen Präsidenten Michail Gorbatschow beruht und von dem die DDR-Delegation überzeugt ist, dass er den Durchbruch bei den seit Monaten dauernden schwierigen Verhandlungen über die Zukunft Europas bringen wird.

Dies erfuhr die *Süddeutsche Zeitung* aus der engsten Umgebung de Maizières. Der Plan sieht eine Mitgliedschaft Gesamtdeutschlands in der NATO vor. Als Gegenleistung verlangt Gorbatschow die Umwandlung der NATO in ein politisches Bündnis.«

Im Artikel werden Ideen entwickelt, die eindeutig zum Repertoire Thilo Steinbachs gehören, aber nur Gedanken, und erst recht sind es keine abgestimmten Planvorschläge, schon gar keine, die auf solch abenteuerliche Weise in einer IL 62 M von Gorbatschow zu Bush transportiert werden.

Ich sage den mitreisenden Journalisten, dass es diesen Plan nicht gibt und formuliere, im Einverständnis mit denen, die sich beschwerten, ein vorsichtiges Dementi, dass dann hier und da eine kurze Erwähnung findet, aber so milde ist, dass keiner das Gesicht verliert. Es gelingt. In der *Süddeutschen Zeitung* erscheint dann zwei Monate später, am 22. August 1990, unter der Überschrift »Im Profil« ein Artikel, in dem Steinbach als »Teltschik der DDR« bezeichnet wird. Der Autor des Textes ist Steinbachs Gesprächspartner im Flugzeug.

Wir landen um 14.40 Uhr Ortszeit auf dem John F. Kennedy Airport, werden auf dem Flughafen vom Gesandten der Botschaft Dr. Norbert Reemer und von Handelsrat Wolfram Arberg begrüßt. (Dass der 2. Sekretär der DDR-Botschaft Reemer einst unter dem IM-Vorgang »Sprung« geführt wurde, wissen wir nicht. Wir haben auch noch keine Nachweise darüber, dass von den knapp dreißig Mitgliedern der DDR-Botschaft siebzehn als Offiziere im besonderen Einsatz für das MfS tätig sind – wir ahnen es allenfalls.)

Lothar de Maizière hat im Vorfeld durchblicken lassen, dass er gegenüber dem Personal der Botschaft skeptisch sei. Es gibt ein Hin und Her bezüglich einer Botschafterabberufung, die aber nicht an die Presse dringt. Die höchsten DDR-Diplomaten melden sich krank. Die *FAZ* schreibt, ohne das ganze Ausmaß zu kennen: »Bei seinem Amerika-Besuch wünscht DDR-Ministerpräsident de Maizière dem Botschafter der DDR in Washington, Herder, und den ständigen Vertreter der DDR bei den Vereinten Nationen, Zachmann, nicht zu sehen. Willkommener Gesprächspartner de Maizières in New York war hingegen der ständige Vertreter der Bundesrepublik bei den Vereinten Nationen, Bräutigam.

Der ständige Vertreter der DDR, Siegfried Zachmann, war 1988 noch von Honecker nach New York geschickt worden. Bisher ist er noch nicht abberufen worden. Das gleiche gilt für den DDR-Botschafter in Washington. Diplomaten der beiden DDR-Vertretungen sind jedoch bei der technisch-logistischen Absicherung des Besuchs eingesetzt. In diesem Zusammenhang ist zu

Ankunft der DDR-Delegation in New York, 9. Juni 1990

vermerken, dass DDR-Außenminister Markus Meckel die meisten DDR-Botschafter, die dem SED-Regime gedient haben, bisher noch nicht abberufen und durch unbelastete Kräfte ersetzt hat.«

Unsere Bewachung wird am Flughafen »entwaffnet« und die Amerikaner übernehmen. Was die Männer von unserem Personenschutz die ganze Zeit machen, weiß ich nicht. Das Kommando haben sie abgegeben. Sicherheit wird in den USA großgeschrieben. Die amerikanischen Personenschützer haben teilweise Schweißperlen auf der Stirn. Um uns sind unendlich viele gut organisierte und kompetent wirkende sportliche Typen zugange, die mit ihren Körpern die Mitglieder der Delegation, aber insbesondere den Ministerpräsidenten decken. Wir werden mit einigen Regeln vertraut gemacht; zum Beispiel in der Kolonne keine Autofenster zu öffnen, nicht selbstständig auszusteigen und immer den Anweisungen zu folgen.

Wir sind in New York im Plaza Hotel der UNO untergebracht und haben eine ganze streng abgeschirmte Etage für uns. Der Blick von weit oben auf die Stadt ist fantastisch.

Während des Besuchs werden alle meine Versuche, das Sicherheitsgefüge zu durchbrechen, sofort geahndet. Als an einer New Yorker Kreuzung der Tross ins Stocken gerät und neben meinem Cadillac ein Cabrio mit offenem Dach und lustigen jungen Leuten hält, lasse ich die Scheibe runter, um mit ihnen zu reden. Innerhalb von Sekunden springen Sicherheitsleute aus den Begleitfahrzeugen, stellen sich vor mein offenes Fenster und befehlen mir, es sofort zu schließen.

Dasselbe geschieht in Washington nach dem Besuch bei Präsident George Bush. Wir haben das Weiße Haus schon längst verlassen, befinden uns auf einer mehrspurigen breiten Straße mit Parks ringsum, und wieder steht die Kolonne kurz an einer Kreuzung. Diesmal steige ich aus, um unseren Journalistenbus, der sich jenseits der Straße befindet, Bescheid zu geben, dass es eine Terminverschiebung gebe. Ich komme kaum zum Rufen, da werde ich auch schon wieder ins Auto befördert.

Besonders brenzlig wird es in New York, als die Kolonne das Armenviertel an der Lower Eastside anfährt. Hier treffen wir auf den Arzt Josef Kramer, der seine gutgehende Praxis im reichen Teil New Yorks vor Jahren aufgegeben hatte und jetzt denen hilft, die für ihre Gesundheit nicht bezahlen können. Uns wird erzählt, dass Weiße hier eigentlich keine Chance hätten, und wir sehen auch nur Farbige.

Die Nachrichtenagentur *ADN* schreibt im Vorfeld der Reise: »Der am Sonnabend beginnende viertägige USA-Besuch von DDR-Premierminister Lothar de Maizière steht vor allem im Zeichen der deutschen Vereinigung [...]. Darüber hinaus will die DDR nach den Worten von Regierungssprecher Matthias Gehler signalisieren, dass man offen sei für alle Investoren und nicht nur für jene aus der Bundesrepublik. Höhepunkt dieser ersten Reise eines DDR-Regierungschefs in die Vereinigten Staaten wird ein Treffen mit US-Präsident George Bush Montagmittag im Weißen Haus sein [...]. Dabei soll es vorrangig um den ›Nachhall von Moskau‹ gehen, meinte der Regierungssprecher unter Hinweis auf das soeben beendete Gipfeltreffen der Warschauer Vertragsstaaten.

Hochrangige Gesprächspartner de Maizières sind ferner UN-Generalsekretär Pérez de Cuéllar und der Präsident des Jüdischen Weltkongresses, Edgar M. Bronfman.

Diese New Yorker Gespräche dienen neben dem Informationsaustausch aus erster Hand vor allem der Bekundung der neuen Haltung der DDR-Regierung und des Parlaments gegenüber Israel und den Juden. Vor diesem Hintergrund trifft de Maizière auch mit dem Präsidenten des *Holocaust Memorial Council* in Washington zusammen.

Auf ökonomischem Gebiet erwartet Gehler, der am Vorabend des Besuchs die Presse in Berlin informierte, einen Werbeeffekt für die DDR.«

Weiter bezieht sich *ADN* auf ein Exklusivinterview mit dem Generalsekretär des Jüdischen Weltkongresses

(WJC), Israel Singer, wonach weltweit von jüdischen Kreisen die Volkskammer-Erklärung zur Mitverantwortung der DDR für den Holocaust begrüßt wird, nun aber »die materielle Wiedergutmachung auf der Tagesordnung« stehe. Dazu gehörten auch praktische Schritte zur Rückgabe von Eigentum an jüdische Bürger, das in Ostdeutschland von den Nazis illegal enteignet worden war. Singer: »Dies ist die Echtheitsprobe für die vom Parlament erklärte gute Absicht.«

Im Grunde stehen nun für die gut gemeinte Volkskammer-Erklärung Forderungen von mehreren Milliarden Dollar und komplizierte Eigentumsregelungen im Raum. Angesichts leerer DDR-Staatskassen und all der im Zuge der deutschen Wiedervereinigung bevorstehenden Verhandlungen mit dem Westen sind das keine leichten Vorgaben für die anstehenden Gespräche. Dass die Wiedervereinigung aber von einer »Erlaubnis der Juden« abhängig sein soll, kann ich ins Reich der Legenden verbannen.

Beim Gespräch mit dem Präsidenten des Jüdischen Weltkongresses Edgar Bronfman verspricht Lothar de Maizière, sobald wie möglich Rahmenbedingungen für konkrete Wiedergutmachungsverhandlungen zu schaffen. Er bittet im Namen der DDR um Versöhnung zwischen den Deutschen und den Juden: »Wir bitten um Versöhnung. Wir bitten um Vertrauen. Denn wir wollen mit Ihnen gemeinsam eine bessere Zukunft gestalten.«

Beim Gespräch mit Bronfman in New York betont der MP, dass niemand vor einem vereinten Deutschland Angst haben müsse, da es international verknüpft sein

Ablaufplan

für den Besuch

des Ministerpräsidenten der DDR,

Herrn Lothar de Maiziere,

in den Vereinigten Staaten

von Amerika

Juni 1990

Luncheon

Honoring His Excellency
The Prime Minister of the
German Democratic Republic

Jellied Madrilène
Cheese Toast

Suprême of Chicken with Three Peppers
Duchesse Potatoes
Corn Timbale & Snow Peas

Mixed Garden Salad
Raspberry Vinaigrette

Chocolate Floating Island
Ladyfingers

MACROSTIE
Chardonnay 1988

THE WHITE HOUSE
Monday, June 11, 1990

Ablaufplan des Besuchs in der USA. Rechts das Menü des Essens im Weißen Haus am 11. Juni 1990

werde und die europäische Dimension den Rahmen für dieses vereinte Deutschland vorgibt: »In einem gemeinsamen Europäischen Haus mit offenen Türen und Fenstern nach allen Seiten kann es keine Folterzellen mehr geben«, sagt de Maizière.

Das Treffen mit Bronfman wertet er als »Zeichen guten Einvernehmens einer hoffnungsvollen Zusammenarbeit«. Den Holocaust könnten die Deutschen nie wiedergutmachen im eigentlichen Sinne des Wortes. »Wir können nur versuchen, aus diesem Teil der deutschen Geschichte zu lernen und im Gedenken an die Opfer die Erinnerung wachhalten und alle Ansätze von Antisemitismus, Rassismus und Ausländerfeindlichkeit, wo auch immer sie auftreten, mit Leidenschaft bekämpfen«, erklärt Lothar de Maizière. Er sei entschlossen, den Juden in der DDR jede Unterstützung zu gewähren, die möglich sei. Er kündigt an, den Jugendaustausch zwischen Israel und Deutschland besonders zu fördern: »Was jungen Menschen in der Bundesrepublik seit Jahrzehnten selbstverständlich ist, muss so schnell wie möglich auch für die jungen Menschen in der DDR selbstverständlich werden«. De Maizière weiter: »Die Sorge für unsere jüdischen Mitbürger ist für uns [...] eine Angelegenheit des Herzens«.

Bronfman sagt anlässlich des Gesprächs: »Ich bin nicht übermäßig beunruhigt über die deutsche Vereinigung, aber als Jude kann man auch nicht total beruhigt sein.«

Was die Wiedergutmachung angeht, kommt es wie vorhergesagt: Der Chef der Jewish Claims Conference und der Generalsekretär verweisen de Maizière auf das 1952 zwischen der Bundesrepublik und Israel geschlossene Luxemburger Abkommen, wonach vereinbart worden wäre, dass im Falle einer etwaigen Wiedervereinigung noch ein Drittel der zu zahlenden Entschädigungen von Ostdeutschland zu zahlen wäre. Unsere Berechnungen liegen bei 120 Milliarden Dollar.

Der Ministerpräsident soll ein schriftliches Schuldbekenntnis ablegen. Dazu ist Lothar de Maizière nicht bereit. Er fragt rhetorisch: »Was nützt der Schuldschein eines zahlungsunfähigen Staates.«

Der erste Abend gehört uns. Wir sitzen in einem Restaurant in einem der Twin Tower. Der Tisch ist gedeckt und wir schauen über die Stadt. Nicht weit von uns entfernt hat sich Graf Nayhauß von der *Bild* einen kleinen Extra-Tisch reserviert. Ansonsten sind keine Journalisten dabei. Nayhauß hat sich für die Reise akkreditieren lassen, war aber nicht mit uns mitgeflogen. Als er mich noch in Berlin angesprochen hatte, dass er gerne dabei sein möchte, war mir das recht. Ich wollte, dass so einer dabei ist, auch wenn er einmal gesagt haben soll: »Es steht in meiner Macht, Politiker zu ärgern.«

Trotzdem war ihm niemand lange böse. Nayhauß wusste, dass ihm Politiker, auch solche mürrischen, knochigen Preußen wie de Maizière, irgendwann vergeben, weil sich alle Politiker gerne in der Zeitung wiederfinden. Ich mag originelle Typen, die es schaffen herauszubekommen, wie und wo wir den Abend verbringen, sich zu welchem Preis auch immer einen Tisch ergattern und dann aus der Ferne zuschauen. Er ist ein Beobachter. Mainhardt Graf von Nayhauß ist ein Meister des Boulevards. Er schreibt Homestorys, Kolumnen, Artikel für Illustrierte, beleuchtet Seitenaspekte, bringt auf diese Weise abgehobene Politiker wieder dem Volk nahe und kann auch einfach mal lieb draufhauen. Jetzt schreibt er für *Bild*. Er hat aber auch schon Reportagen im *Spiegel* und im *Stern* veröffentlicht.

Irgendjemand hat einmal gesagt, dass Nayhauß mehr zur Demokratisierung der Macht beigetragen hat als ganze Jahrgänge von Kisch- und Nannen-Preisträgern. Dieser Auffassung schließe ich mich an. Eine Demokratie braucht auch Boulevard, denn das Leben findet auf den Bürgersteigen der Republik statt, nicht nur in den Köpfen der Intellektuellen.

Da sitzt er nun, der Adelige, und macht das, was er bestens kann – er nimmt für das Schreiben die Position eines Dienstboten am Katzentisch ein. Ich bitte ihn schließlich zu uns. Wir nehmen ihn mit in den Aussichtsbereich. Und uns ist für einen Moment völlig egal, was rauskommt.

Montag, 11. Juni 1990 – schon um 6.00 Uhr gibt es Frühstück. Pünktlich um 7.15 Uhr hebt unsere IL 62 M in New York ab und steuert Washington an. Heute treffen wir den Präsidenten der USA und werden mit ihm im kleinen Kreis zu Mittag essen.

Wir fahren am Nord-West-Eingang in der Pennsylvania Avenue vor, werden begrüßt, und nachdem de Maizière noch zehn Minuten mit dem Präsidenten im Oval Office extra hat, nehmen wir im danebenliegenden Cabinet Room Platz. Ich habe mir vordem auch den Bauplan des Weißen Hauses angesehen, aber dann im Gebäude völlig die Orientierung verloren. Beim Gespräch sind auch US-Außenminister James A. Baker und Sicherheitsberater Brent Scowcroft zugegen. Eine junge Frau, die wir nicht zuordnen können, ist die spätere Außenministerin Condoleezza Rice.

Die Amerikaner sichern uns ihre uneingeschränkte Unterstützung bei der Wiedervereinigung zu. Trotzdem werden wir beim Einstieg in das Gespräch überrascht. Die Amerikaner bitten uns, den Vorschlag unseres Außenministers Markus Meckel, in Zentraleuropa eine »Sicherheitszone« einführen zu wollen, zurückzunehmen.

Meckel hatte uns nicht über diese Idee informiert. Das gibt de Maizière offen zu und versichert, dass er keine Vorschläge unterstütze, über welche er vorher nicht informiert worden sei.

Konkret geht es bei diesem Gespräch vor allem um den Abzug der in der DDR stationierten 340.000 Sowjetsoldaten, um Abrüstungsfragen, um die Vernichtung der SS-20-Raketen und die Mitgliedschaft Deutschlands in der NATO. Die Atmosphäre ist irgendwie kommunikativ-demokratisch – völlig anders als bei Gorbatschow, aus dessen Bündnis-Lager wir eigentlich kommen.

Während des Gesprächs fällt mir auf, dass fast jeder auf der amerikanischen Seite des Tisches eine rote Krawatte mit dunkelblauen Querstreifen trägt. Ich bin erleichtert. Mein Anzug ist nicht der neueste, aber meine Krawatte ist absolut kompatibel – in Farben, Streifen, Stoff und Form. Reiner Zufall.

Zum Mittagessen gehen wir nach oben. In der Eingangshalle spielt ein Streichquartett zu Ehren des Ministerpräsidenten. Die Amerikaner wissen, was er persönlich mag. Barbara Bush ist mit ihrem Hund in den Vorraum gekommen und begrüßt uns. Vom Protokollchef erfahre ich, dass der Empfang mit Frau und Hund eine besondere Würdigung bedeutet. Vielleicht ist es auch Neugierde auf die demokratischen Exoten aus dem Ostblock, die gerade eine friedliche Revolution hinter sich haben.

Wir sitzen in einem kleinen Zimmerchen, ich vermute es ist der Blue Room, und speisen zu fünft mit dem Präsidenten zu Mittag. Es hat etwas Familiäres. Noch bevor das Essen kommt, lehnt sich der Präsident in seinem Stuhl entspannt zurück, schnappt sich ein paar Nüsse, die auf dem Tisch stehen, und fängt an, zwanglos mit uns zu plaudern. Mein Blick fällt auf die Dienerschaft, die

Fototermin auf historischen Stufen: Präsident George Bush und Ministerpräsident Lothar de Maizière

Mit dem DDR-Emblem zum Weißen Haus

Von unserem Sonderberichterstatter REINER OSCHMANN

Washington. Montag, 11.33 Uhr Orts-, 17.33 Uhr Berliner Zeit war es soweit – der Präsident der Vereinigten Staaten von Amerika empfing im Weißen Haus zum ersten und vermutlich auch zum letzten Male einen Regierungschef der DDR. Genau zehn Minuten hatte das Protokoll für das 4-Augen-Gespräch zwischen George Bush und Lothar de Maizière reserviert. Dem schloß sich eine zwanzigminütige Unterredung im erweiterten Kreis sowie ein einstündiges Arbeitsessen an, das der amerikanische Präsident für den DDR-Premierminister gab. Der DDR-Premier war mit einem mit den Staatsflaggen beider Länder geschmückten Wagen zum Weißen Haus gefahren.

Informationen waren im Anschluß an die Unterredung zunächst von keiner Seite zu erhalten. Erst nach einer regelrechten Verfolgungsjagd der begleitenden Journalisten kam es zu einer improvisierten Pressekonferenz am Lincoln-Monument. Unter freiem Himmel und inmitten von Lärm und Verkehr erklärte de Maizière, die Gespräche im Weißen Haus hätten in „außerordentlich aufgeschlossener und herzlicher Atmosphäre" stattgefunden. Der Präsident sei „außerordentlich interessiert gewesen zu hören, wie ich die Lage nach dem Moskauer Gipfel

unsere osteuropäischen Nachbarn hinnehmbar zu sein." Der USA-Präsident habe mit Hinweis auf den bevorstehenden NATO-Gipfel zu erkennen gegeben, daß es unter Umständen in den dort zu führenden Gesprächen „noch sehr viel weitergehende Überlegungen" in Richtung Veränderung der NATO „hin zu einem politischen Bündnis" geben könnte. Er, de Maizière, halte es nicht für ausgeschlossen, die außenpolitische Einbettung Deutschlands bis Jahresende geregelt zu sehen.

Nach weiteren Gesprächsthemen befragt, unterstrich der

Telefoto: ADN/Altweir

Aufmacher am 12. Juni 1990 im Neuen Deutschland. *Auf Seite 3 der gleichen Ausgabe fand sich der Bericht über das Treffen mit Edgar Bronfman, dem Präsidenten des Jüdischen Weltkongresses, in New York*

rechts und links der Tür steht – es stimmt, was ich in der Schule gelernt habe: alles nur Farbige.

Dann werden die Speisen gebracht und der Präsident macht uns vor, dass jeder mit dem Essen loslegen kann, sobald der Teller auf dem Tisch steht. Die Speisekarte lasse ich zum Schluss als Andenken in meine Jacketttasche verschwinden.

»Es war eine merkwürdige und faszinierende Sitzung – das erste und letzte Treffen eines ostdeutschen Staatschefs mit einem amerikanischen Präsidenten«, berichtet Bush sr. später. »Unsere Gespräche waren sehr freundschaftlich und offen«, schreibt er in einem Brief an Bundeskanzler Helmut Kohl. De Maizière sei ein nachdenklicher, in Staatsgeschäften unerfahrener Mann, aber mit einem ausgeprägten Sinn für Verantwortung.

Wir besichtigen Washington. De Maizière redet vor dem außenpolitischen Ausschuss des Kongresses. Unter amerikanischer Obhut zu stehen heißt, im Kongress durch einen Gang zu gehen mit einem Spalier von Polizisten mit einer MP im Anschlag. Was hier Show und wirklich nötig ist, bleibt offen.

Eine bis aufs Letzte einstudierte Zeremonie spielt sich bei unserem Besuch auf dem Nationalfriedhof Arlington ab: Wir schreiten als kleine Delegation feierlich hinter der DDR-Fahne mit dem Staatswappen, mit Hammer, Zirkel und Ährenkranz. Ich habe ein schlechtes Gewissen. Das Wappen wird es irgendwann nicht mehr geben. Wir sind angetreten, diesen Staat notwendigerweise abzuschaffen – und jetzt trägt ein amerikanischer Offizier diese Flagge vor uns her.

Meine Gedanken gehen nach Berlin. Ich hatte vor Wochen de Maizière gefragt, wieso wir nicht, vielleicht mit historischen Uniformen, den Wachaufzug vor der Gedenkstätte in der Neuen Wache in Berlin wieder aufleben lassen sollten. Er hatte es strikt abgelehnt. Der Gründe gibt es viele, dergleichen in Deutschland nicht zu tun – aber es gibt auch Gründe, darüber nachzudenken, es zu tun. Das überlege ich als einer, der den Wehrdienst mit der Waffe abgelehnt hat.

Während der Zeremonie auf dem Soldatenfriedhof in Washington stehen rechts und links am Weg Uniformierte verschiedener Waffengattungen. Einige marschieren hinter uns. Es fallen 21 Böllerschüsse. Ich gehe nicht davon aus, dass der ganze Aufwand hier nur für uns betrieben wird.

Wir besuchen auch die Gräber der beiden Brüder John F. und Robert Kennedy.

Vor dem Rückflug nach New York am Dienstag, dem 12. Juni, gibt es noch einen Empfang im *National Press Club*. In einem Saal mit hohen Flügeltüren warten an großen runden Tischen Prominente, bedeutende Verleger und Besitzer von Fernsehanstalten, aber auch einflussreiche Journalisten auf den Ministerpräsidenten der DDR. Doch de Maizière verspätet sich. Also fahre ich im wahrsten Sinne des Wortes vor. Als Vorhut der Delegation betrete ich, begleitet von einigen Sicherheitsleuten, das Foyer. Die Flügeltüren zum Saal stehen weit offen. Plötzlich bricht ein riesiger Applaus auf. Die geladenen Gäste erheben sich. Mir wird bedeutet, dass ich gemeint bin. Das ist mir unangenehm – Lothar de Maizière ist der Gast, ich gehöre nur zu seiner Entourage. Man kenne mich vom Fernsehen und ich solle doch an das Mikrofon treten, sagt man mir.

Ablehnen geht nicht, denn der Applaus hält an. Also danke ich für die Ehre, hier sein zu dürfen und bitte noch um etwas Geduld, der Ministerpräsident werde in wenigen Minuten eintreffen.

Beim Mittagessen im Club macht man mir bewusst, dass der Prozess in Deutschland aufmerksam im Fernsehen verfolgt werde.

Büroleiterin Sylvia Schulz redete in der Reise-Vorbesprechung auf Lothar de Maizière ein: »Du solltest dich unbedingt vor dem Denkmal ›Schwerter zu Pflugscharen‹ in New York fotografieren lassen.«

Wenn Sylvia Schulz sich etwas in den Kopf gesetzt hat, dann lässt sie nicht locker. Und sie schaute zu Fritz Holzwarth, mit dem sie schon gesprochen haben musste.

»Wir brauchen dieses Bild«, bekräftigt er.

De Maizière zögert: »Kommen wir da ran, und lässt das der Zeitplan zu?« Sein Zögern lässt tiefer blicken.

Die Friedensbewegung in der DDR hatte sich das Symbol »Schwerter zu Pflugscharen« angeeignet. Es beruhte auf einer biblischen Verheißung eines endzeitlichen Friedensreiches (Mi 4,1-5). Im September 1983 hatte der Wittenberger Theologe Friedrich Schorlemmer provokativ und öffentlich ein Schwert zu einer Pflugschar umschmieden lassen.

Aus meiner Sicht passte das nicht hundertprozentig zu de Maizière, der mit den Bürgerbewegten nie so richtig warm geworden war.

Die Skulptur »Schwerter zu Pflugscharen« steht seit 1953 auf dem Gelände der UNO in New York. Sie war ein Geschenk der Sowjetunion. Geschaffen hatte die Bronzeplastik Jewgeni W. Wutschetitsch. Von diesem stammte auch das Sowjetische Ehrenmal in Berlin-Treptow, die Mutter-Heimat-Statue auf dem Mamajew-Hügel bei Wolgograd und Mutter Heimat in Kiew.

Mir ist unwohl bei dem Gedanken, dass der hugenottische Preuße de Maizière sich da ablichten lässt. Hinzu kommt: Die Wurzeln der Dynastie de Maizière lassen sich bis ins Frankreich des 14. Jahrhundert zurückverfolgen. Nach dem Dreißigjährigen Krieg war die Familie nach Deutschland geflüchtet. Stets gab es auch einen militärischen Strang in der Familiengeschichte. Ulrich de

Maizière, Onkel des MP und Vater von Thomas de Maizière, diente in der Reichswehr, in der Wehrmacht und in der Bundeswehr. Gegen Ende des Krieges war er im Generalstab des Heeres und nahm an den Lagevorträgen bei Adolf Hitler in der Berliner Reichskanzlei teil … Eine Diskussion über diese Geschichte, möglicherweise durch ein solches Foto provoziert, brauchte jetzt keiner. Ich versuche deshalb, dieses Bild zu verhindern und schiebe den Fototermin auf die lange Bank. »Wir checken das einfach mal durch und werden sehen, was geht«, erkläre ich. Und rede mit dem Protokollchef Jahsnowski. Dieser meint diplomatisch: »Das ist unüblich.«

Bestärkt durch die von Jahsnowski angedeuteten protokollarischen Schwierigkeiten nehme ich den Punkt, sich vor der Skulptur fotografieren zu lassen, nicht mit in den Ablaufplan auf. Prompt werde ich von Fritz Holzwarth angesprochen: »Schwerter zu Pflugscharen steht gar nicht im Protokoll?«

Ich sage ihm offen, dass ich das Foto aus den bereits erwähnten Gründen nicht sehe und wir einem streng getakteten Zeitplan folgen. Er teilt zunächst meine Meinung, redet aber darüber wiederum mit Sylvia Schulz, kommt erneut zu mir und meint, ich sollte doch noch einmal mit Jahsnowski sprechen. Das tue ich.

Franz Jahsnowski bleibt auf meiner Seite und ändert den Ablauf nicht.

Der Besuch bei UN-Generalsekretär Javier Pérez de Cuéllar hat etwas Abenteuerliches. Wir haben ein Zulassungsproblem für die Journalisten. Weder bei Bush noch bei Pérez de Cuéllar können alle mitreisenden Journalisten dabei sein. Also habe ich im Vorfeld mit ihnen gesprochen und erfragt, welcher Termin für sie wichtiger ist, und wir haben auch geregelt, dass Protokollbilder ausgetauscht werden. Die Pools sind eingeteilt. Doch dann, vor dem Besuch beim UN-Generalsekretär, reden einige Journalisten auf mich ein, ob es – trotz der klaren Vorgaben – nicht doch möglich wäre, die Zahl der Presseleute aufzustocken. Ich wende mich an unser Protokoll, das wiederum bei der UN-Verwaltung nachfragt. Die bleibt hart und lässt höchstens fünfzehn Pressevertreter zu. Da ich hier sowieso nie mehr vorfahren werde, schmiede ich einen Plan und unterbreite ihn am Vorabend den Journalisten, die am meisten gedrängt hatten. Sie sind zum Stillschweigen verurteilt, steigen nicht mit in den Pressebus, müssen aber trotzdem bereitstehen, wenn sich die Delegation aufmacht.

Es funktioniert. Ich lasse sie in meinen Cadillac einsteigen. In die Stretchlimousine, die allein für mich reserviert ist, zwängen sich jetzt unerwartet fünf zusätzliche Medienleute, darunter Monika Zimmermann von der *FAZ* und Claus Richter von der *ARD* mit Kameramann. Die strengen amerikanischen Sicherheitsleute haben damit nicht gerechnet. Mein Fahrer, den ich erst einweihe, als alle zusteigen, ist begeistert wegen des Jungenstreichs. Er beteuert, so einen Protokollverstoß noch nie erlebt zu haben, spielt mit und macht das Verdeck auf, so dass der Kameramann während der Fahrt mitten in der Kolonne filmen kann.

Wir haben einen Heidenspaß und mutmaßen, was passieren werde, wenn wir so vorfahren. Die Kolonne rast mit Blaulicht in den Sicherheitsbereich und hält vor dem Eingang des Gebäudes. Wir haben es geschafft. Mir wird die Tür geöffnet. Sofort nach dem Aussteigen gehen die Journalisten mit zur Gruppe der Pressevertreter im Eingangsbereich und bauen sich für das Statement danach auf. Vom Protokoll traut sich keiner, sie zurückzuweisen.

Wir begeben uns ins Büro des UN-Generalsekretärs. Der Raum ist geschmacklos und etwas eng eingerichtet. Das Gespräch ist belanglos. Javier Pérez de Cuéllar ist ab 1982 im Dienst und in seiner zweiten Amtszeit. Mit dabei sind Thilo Steinbach, Sylvia Schulz und Fritz Holzwarth, der de Maizières Aktentasche trägt.

Der Generalsekretär, ein Peruaner, zeigt sich interessiert, aber im Gegensatz zum Besuch bei Bush sind hier keine Ergebnisse zu erwarten. Der UN-Generalsekretär hat andere Probleme. Er vermittelt (wie sich herausstellen wird vergeblich) im Vorfeld des Falkland- und des Golfkriegs. Im Zuge des weltpolitischen Umbruchs 1989/90 gibt es mehr UN-Blauhelm-Einsätze als zuvor. Der UN gelingt es in bestimmten Konflikten erfolgreich, Frieden zu stiften, zum Beispiel bei der Beilegung des Iran-Irak-Konflikts, bei der Unabhängigkeit Namibias und der Beendigung des Bürgerkrieges in Kambodscha.

Wir Deutschen laufen bei ihm schon jetzt als Erfolgsmodell, das sich selbst trägt.

Wieder unten angekommen, gibt es das Pressestatement, und das Protokoll drängt zur Weiterfahrt, Sylvia Schulz fällt panisch »Schwerter zu Pflugscharen« ein, und Fritz Holzwarth hat de Maizières Aktentasche im Zimmer des Generalsekretärs vergessen …

Treffen mit dem UN-Generalsekretär Javier Pérez Cuéllar

»Vor dem nächtlichen Rückflug nach Berlin bildete am Dienstagabend in New York eine Begegnung mit UNO-Generalsekretär Perez de Cuéllar den Abschluss des USA-Besuchs«, schreibt das *Neue Deutschland* am 13. Juni und moniert ein gewisses Desinteresse im hochsommerlichen Washington am Besuch aus der DDR. »Kühl und lustlos« habe die Presse berichtet. »Die *Washington Post* vermeldete die Begegnung mit Präsident Bush erst auf Seite 18, die *Washington Times* kam mit Bericht und Bild auf Seite 4, kündigte aber zwei Seiten weiter vorn den geplanten Abriss des Checkpoint Charlie in der Berliner Friedrichstraße an.«

Wenn ich gefragt werde, welchen amerikanischen Präsidenten ich getroffen habe, und ich sage: »George Bush«, erinnern sich viele zuerst an seinen Sohn George W. Bush, das spätere 43. Staatsoberhaupt der Vereinigten

Statt »Schwerter zu Pflugscharen« die Freiheitsstatue

Staaten von Amerika. Ich sage dann: »Der hatte einen sehr intelligenten Vater«. Dieser habe als 41. Präsident zwar im ersten Golfkrieg Kuwait befreit, ist aber ganz bewusst nicht in den Irak einmarschiert.

In seinem Buch »Ich will, dass meine Kinder nicht mehr lügen müssen« erinnert sich Lothar de Maizière sehr warmherzig an den Besuch im Weißen Haus. In einem Punkt haben wir unterschiedliche Erinnerungen. Er schreibt: Es »spielten vier amerikanische Marines mir zu Ehren Haydn-Streichquartette«.

Mich hat diese feinfühlige, aufmerksame Art, mit der man uns begegnet ist, auch sehr beeindruckt. In den Notizen, die ich während des Besuchs im Weißen Haus ins Protokollheft schrieb, steht allerdings: »Bach, Brandenburgische Konzerte; Nussknacker«.

Ich bestehe aber nicht darauf, dass ich recht habe.

Der Palast der Republik

Eckstein, der die Liegenschaften betreut, nimmt mich zur Seite: »Wir haben ein Problem«. Dabei lächelt er ein wenig diabolisch, so dass man ihn eigentlich nicht ernst nehmen kann.

Jetzt tritt er näher an mich heran, versucht eine wichtige Miene aufzusetzen und flüstert: »Da waren Wissenschaftler bei mir und haben erklärt, dass im Palast der Republik die Grenzwerte für Asbest überschritten seien.«

Ich vermute zunächst lokale Probleme innerhalb des Gebäudes und bin doch entspannt: »Das heißt?«

»Eventuell können da keine Veranstaltungen mehr stattfinden.«

»Welche Bereiche des Palastes betrifft das?«

Eckstein genießt seinen Wissensvorsprung, hält kurz inne, richtet sich bedeutungsvoll auf und antwortet schließlich: »Das *ganze* Gebäude ist kontaminiert«.

Dann schiebt er mir das Thema genüsslich zu, wie wenn man als Postbote ein Paket übergibt und damit nichts mehr zu tun hat: »Ich kann nichts entscheiden. Das ist mir viel zu heikel. Die Leute brauchen einen Termin bei dir. Das hat riesige öffentliche Dimensionen.«

Ich willige ein, und kurze Zeit später besuchen mich zwei Männer mit einem dicken Ordner, Bauplänen und einer Videokassette. Sie sind ziemlich aufgeregt und verkünden, dass sie keine erfreulichen Nachrichten haben.

»Wir sind mit unserem Gutachten zwar noch nicht fertig, aber haben schon ein Ergebnis: Der Palast der Republik ist hochgradig asbestverseucht. Es müssen Entscheidungen getroffen werden.«

Ich liebe alte Steine. Mir ist die Historie um den Palast der Republik persönlich sehr vertraut, obwohl hier kein Stein auf dem anderen geblieben ist. Früher stand im Zentrum Berlins das Stadtschloss der Hohenzollern, das im Krieg ausgebrannt und durch die Kämpfe beschädigt worden war. Es hätte wieder aufgebaut werden können. Der frühere Staatsratsvorsitzende der DDR, Walter Ulbricht, ließ die Ruinen des Machtzentrums des preußischen Adels beseitigen. Nichts sollte mehr an überholte Herrschersysteme erinnern. Der Berliner Bevölkerung ist bekannt, dass einige Säulen im Friedrichsfelder Tierpark als Klettermöglichkeit für die Affen landeten. Ein Eingangsportal wurde nach Entfernung der preußischen Insignien in das Staatsratsgebäude integriert. Dieses Portal sollte an die Revolution 1918 erinnern. Hier hatte, vom großen Fenster des ersten Stockwerks aus, der Kommunist und Führer des linken »Spartakusbundes«, Karl Liebknecht, am 9. November die Republik ausgerufen.

Das hatte am gleichen Tag mit mehr Nachdruck zwar Stunden zuvor schon der SPD-Politiker Philipp Scheidemann am Reichstag getan, aber immerhin hatte das Schloss jetzt auch eine »sozialistische« Tradition. Zudem war das Gebäude von den Revolutionären erstürmt worden. Das Schloss war ein geschichtsträchtiger Ort – für Berlin, für Deutschland und Europa. Hier hatte man um 1451 eine Burg fertiggestellt, die als das Bindeglied zwischen den Orten Cölln und Berlin gedacht war. Mit diesem befestigten Gebäude entstand die preußische Residenzstadt Berlin. Von hier aus wurde europaweit geheiratet, und an diesem Platz residierte der deutsche Kaiser. Des Weiteren zog an diesem geschichtsträchtigen Ort, nach den Rufen des Volkes in der Märzrevolution 1848, der König den Hut vor den Leichen der getöteten Barrikadenkämpfer.

Baulich gesehen hatte sich das Schloss fortwährend verändert. Der bedeutendste Architekt der Renaissancephase war Andreas Schlüter. Das Schloss gilt als sein architektonisches Hauptwerk. Der Baumeister war allerdings nach dem Einsturz eines Turmes beim preußischen Adel in Ungnade gefallen, so wechselte er nach St. Petersburg an den Hof von Zar Peter dem Großen. Das Berliner Schlüter-Schloss war von den Preußen durchweg genutzt und bewahrt worden. Erst Ulbricht hatte es – Kunst und Geschichte negierend – abreißen lassen. Der Ort markierte die politische Mitte der Hauptstadt. Zumindest im östlichen Teil Berlins herrschten seit 1945 andere politische Verhältnisse, also musste auch die Mitte grundsätzlich neu und anders gestaltet werden …

Ich habe ein gespaltenes Verhältnis zum Palast der Republik. Wegen des Schlossabrisses und wegen der kommunistischen Symbolik. Von 1973 bis 1976 hieß es immer, wenn es in Sachsen irgendwelche Materialien nicht zu kaufen gab: Das wird alles im Palast der Republik verbaut. In der Firma, in der ich vor dem Studium gelernt hatte, war der Satz »Geht nach Berlin« bei jedem Materialengpass ein geflügeltes Wort. In der Provinz war man verärgert. Trotzdem erfüllt das Haus des Volkes die DDR-Bürger auch mit Stolz – weil hier etwas Modernes, Vorzeigbares entstanden war, für das sie mitgelitten hatten. In Berlin war am 18. November 1974 Richtfest, dann startete der Innenausbau.

Seit 1982 bin ich zwar Bürger der Hauptstadt der DDR, jedoch ist der Palast nur selten ein Ausflugsziel für mich. Die Gemälde im »Palazzo Prozzo« oder »Erichs Lampenladen«, wie der Bau wegen der fast zehntausend Kugellampen auch genannt wird, sind mir viel zu sozialistisch und angepasst. Da hängen und stehen mehr als dreihundert Kunstwerke von etwa hundert Künstlern. Hauptakteure sind die Maler Werner Tübke, Wolfgang Mattheuer, Bernhard Heisig und Willi Sitte. Die Künstler konnten auch nicht machen, was sie wollten. Sie mussten ihre Entwürfe zur Genehmigung einreichen und einem Beirat für künstlerische Gestaltung – bis hin zur Endabnahme – Rechenschaft ablegen. Sechzehn Maler waren für die großformatigen Bilder in der Galerie des Palastes beauftragt worden. Das Motto war einer Frage entlehnt, die Lenin gestellt hatte, und hieß »Dürfen Kommunisten träumen?«

Der Bildhauer Fritz Cremer, der sich einen Namen mit einer Skulpturengruppe für das Buchenwald-Denkmal gemacht hatte, war vom Ministerium für die gesamte künstlerische Planung des Palastes ausgewählt worden. Der streitbare Cremer setzte eine Arbeitsgruppe von sieben Künstlern aus unterschiedlichen Gewerken ein. Sie erarbeiteten eine »Konzeption zur bildkünstlerischen Gestaltung« des Palastes und des Hauptfoyers. Cremer hatte mit dem Slogan und Lenin als Quelle andere einfallslose Parolen wie »Kampf und Sieg des Sozialismus«, wie von der SED angedacht, verhindert. Das »Träumen« ließ den Künstlern noch einige schöpferische Freiheiten. Selbst das Träumen in Frage zu stellen, ist nicht meins. Die überzeugten Künstler des Palastes blieben in der Sache Knechte ihrer Ideologie, mögen sie es auch nicht so empfunden haben. Die Hängung der Gemälde auf die vier Wände hat für mich etwas Willkürliches, weicht auch von der ursprünglichen Konzeption ab und hat Wolfgang Mattheuer verärgert, der nicht mit seinem Werk »Guten Tag« auf die obere Ebene wollte, sondern für unten gemalt hatte. Die Gemälde werden zudem durch die wuchtigen roten Sitzmöbel und üppig bepflanzten Blumenkübel weitgehend zur Dekoration degradiert. Manchmal werden sie bei Veranstaltungen auch monatelang zugestellt, wie ein dort angestellter Hausmeister, der mit den Bildern ebenfalls nichts anfangen kann, in der Filmdokumentation aus dem Jahr 1991 von Arpad Bondy und Margit Knapp Cazzola »Der Hausmeister und sein Palast – ein Berliner Schicksal« bemängelt.

Früher war ich nur ab und zu im Palast, im Café oder zu einer Veranstaltung. Jetzt bin ich viel öfter dort. Der Parlamentssaal und die Abgeordnetenbüros sind fortwährend belegt. Es ist mit der Wende ein freieres und emsigeres Leben in den Palast eingezogen. Er ist ein Haus des Volkes geworden.

Die Volkskammer tagt sehr häufig, und oft sitze ich auf der Regierungsbank und überlege, wer sich früher hier gelangweilt hat. Die Abgeordneten sitzen bequem in

Blick in den Plenarsaal des Palastes der Republik während einer der lebhaften Volkskammersitzungen 1989/90

ihren gelben, mit Stoff überzogenen Sesseln und beteiligen sich rege am politischen Geschehen. In dieses Parlament ist etwas vom Dialog der friedlichen Revolution geschwappt – und nun die Hiobsbotschaft.

Dass das Gebäude verseucht sein soll, hat wohl kein Abgeordneter auf den Plan. Es geht um Größeres – die deutsche Wiedervereinigung. Eine Schließung des Palastes aber – also des Tagungsortes der frei gewählten und selbstbewussten Volkskammer – kommt einem Angriff auf die Demokratie gleich.

Mit dem Satz »Wir haben ein Problem« hatte Eckstein nicht untertrieben.

Unter meinem Fernseher steht ein Videorekorder. Die Fachleute bitten mich, die mitgebrachte VHS-Kassette einzulegen. Zu sehen ist eine Art Dokumentarfilm. Es werden sehr anschaulich die Verklumpungen und der teilweise lose herunterhängende Asbest gezeigt. Wir halten den Film an und ich frage nach: »Wozu braucht man Asbest um Stahlträger?«

»Brandschutz.«

»Brennt Stahl?«

»Bei starker Hitzeentwicklung kann sich auch Stahl verformen.«

»Wie stark ist die Schicht?«

»Im Regelfall drei Zentimeter«, erfahre ich

»Und die Klumpen?«

»Das ist nicht sauber aufgetragen worden.«

»Hat man das nicht kontrolliert?«

»Es musste schnell gehen und das Verfahren war noch nicht so ausgereift. Außerdem ist die Gefährlichkeit von Asbest Mitte der siebziger Jahre noch nicht so bewusst gewesen.«

»Es gab also keine Vorschriften?«

»Doch. Seit 1969 gab es die 622/2 – eine Staubvorschrift in den Arbeitsschutzanordnungen. Drüben ist Asbest erst viel später verboten worden. Obwohl die Gefährlichkeit und damit verbundene Erkrankung Asbestose eigentlich schon seit Beginn des Jahrhunderts bekannt ist.« Das Spritz-Asbest-Verfahren, so erfahre ich, kam aus England und wurde ab 1974 eingesetzt. Eine Verkleidung mit Asbestbetonplatten wäre zu teuer gewesen. (In Deutschland wurde seit 1930 Asbest als Werkstoff eingesetzt. Es heißt, dass der Asbestverbrauch in den Jahren 1950 bis 1985 habe etwa 4,4 Millionen Tonnen betragen, verarbeitet in etwa dreitausend Produkten.)

Die Brigade Schaller, die mit der Arbeit betraut war, hatte man angewiesen, aus Sicherheitsgründen mehr Asbest aufzutragen als nötig sei. Man hatte noch den verheerenden Brand im Oktober 1972 im U-Bahnhof Alexanderplatz in Erinnerung. So etwas durfte mit dem Palast der Republik nicht geschehen.

Dann passierte – der Palast war seit 1976 schon in Betrieb – ein für DDR-Verhältnisse ungewöhnlicher Vorgang. Die Arbeitshygieneinspektion des Magistrats der Stadt Berlin wies am 4. September 1979 auf die Freisetzung von Asbestfasern hin. (Asbest, das wusste man auch in der DDR, ist ein eindeutig krebserregender Stoff. Charakteristisch für Asbest ist seine Eigenschaft, sich in feine Fasern zu zerteilen, die leicht eingeatmet werden können. Die eingeatmeten Fasern können langfristig in der Lunge verbleiben und das Gewebe reizen. Die Asbestose, das heißt, die Lungenverhärtung durch dabei entstehendes Narbengewebe, wurde bereits 1936 als Berufskrankheit anerkannt.)

Die Hygieneinspektion forderte darum schon 1979, schadhafte Stellen zu sanieren. Aber erst 1988 geriet das Thema wieder in die Diskussion. Und zwar weltweit. Auch die Massenmedien im Westen beschäftigten sich mit Asbest, insbesondere mit dem gefährlichen Spritzasbest. Da auch die Palastmitarbeiter Westfernsehen geschaut haben müssen, forderten sie schließlich Messungen. Das erste amtliche Ergebnis noch zu alten DDR-Zeiten gab Entwarnung: Die maximal zulässige Arbeitsplatzkonzentration von einer Faser pro Kubikmeter wurde im PdR eingehalten.

Am 12. Februar 1990 gab es ein Schreiben an den Direktor des Hauses, in dem die Arbeitshygieneinspektion, ermutigt durch die Wende, im zweiten Anlauf eine planmäßige Sanierung forderte. Mit fortschreitendem Alter der Isolierung wurde mehr und mehr von dem schädlichen Stoff freigesetzt. Eine Westberliner Firma wurde beauftragt, sich des Problems anzunehmen. Der Schaden sollte ermittelt und ein Sanierungskonzept erstellt werden.

Das Ergebnis: Nach DDR-Richtlinien – und die galten zu dieser Zeit noch – gab es keine akute Gefährdung. Nach bundesdeutschen Maßstäben empfahl die Sachverständigenkommission die komplette Schließung des Gebäudes. Der Hauptgrund lag, wie schon erwähnt, weniger in den latenten Messwerten als vielmehr in der Gefahr, dass jegliche Erschütterung, zum Beispiel bei Musikveranstaltungen, Asbestfasern in enormer Menge freisetzen konnte. Die Werte würden dann sprunghaft steigen.

Wieder verging etwas Zeit. Schließlich landet das Problem bei uns …

Die Experten, die nun vor mir sitzen, gehen von mindestens 400 Millionen DM Sanierungskosten aus, wollen sich aber nicht endgültig festlegen. Sie berichten im Detail, dass das Eigengewicht des aufgebrachten Asbestes so hoch ist, dass er besonders dort bröckelt, wo sehr viel aufgetragen wurde. Außerdem gäbe es unverkleidete Stellen, durch die der Staub in die Räume entweichen könnte. Problematisch sei die Belüftungsanlage, die den Staub verteile. Bei jedem Applaus, bei jeder Erschütterung, bei Konzerten und Tagungen gäbe es sehr hohe Belastungen. Das sei in alten Messungen nicht berücksichtigt worden, in den neuen Messungen schon.

Die mit dem Gutachten beauftragte Westberliner Firma ATD hält für den Palast schriftlich fest, dass »ca. 90 Prozent aller öffentlich, ständig und zeitweilig genutzten Räume unter die Dringlichkeitsstufe 1 fallen. Der ATD hält somit unter Berücksichtigung der besonderen Risiken von vorläufigen Maßnahmen und nach Abwägung aller Aspekte [...] eine sofortige Entscheidung zur Stilllegung des Palastes der Republik für die Öffentlichkeit für dringend geboten, um Schäden nicht einschätzbaren Ausmaßes zu verhindern.«

Ich rede mit de Maizière, Eckstein, Reichenbach und sehr ausführlich mit Moritz. Das Thema ist ein Politikum. Allen, mit denen ich darüber rede, ist das Thema lästig. Nur der Staatssekretär im Amt des Ministerpräsidenten, der pflichtbewusste Lothar Moritz, geht mit mir in die Abwägung. So landet der Schließungsbeschluss schließlich auf dem Kabinettstisch.

Im Kabinett wird die Vorlage rege diskutiert. Zum Beispiel verweist Umweltminister Karl-Hermann Steinberg auf die Entscheidungsfindung beim Abschalten von Kernkraftwerken. Die Schließung der Reaktoren in Greifswald zum Beispiel würde schon über lange Zeit diskutiert. Er fügte trocken an: »Wenn es danach ginge, müsste ich die ganze DDR dichtmachen.«

Aber auch Steinberg empfiehlt dringend, ein zweites Gutachten einzuholen. Auch in Westdeutschland gibt es mit Spritzasbest brandgesicherte Gebäude, die weder saniert noch geschlossen werden. Im Westteil Berlins ist das 1979, also fast zeitgleich mit dem Palast errichtete *Internationale Congress Centrum* (ICC) voller Asbest und wird dennoch weiter betrieben.

Die folgende Pressekonferenz ist grausam. Zwischenbescheide sind Gift für die Öffentlichkeit. Ich finde mich am nächsten Morgen im Frühstücksfernsehen wieder, berichte im Radio über die Gefährlichkeit von Asbest und lese alle möglichen Gutachten, Stellungnahmen und Zuarbeiten über die krebserregenden Fasern.

Es gibt ein weiteres Problem: Es stehen nicht nur satte 400 Millionen DM Sanierungskosten an, sondern neben anderen Veranstaltungen ist bei Schließung des Palastes auch der geplante historische SPD-Vereinigungsparteitag in Gefahr. Die SPD wird uns politisches Kalkül und Vorsatz vorwerfen.

Wir geben der Gesundheit den Vorrang. Um sich abzusichern, teilt der Ministerpräsident noch am 5. September – also an dem Tag, an dem zuständigkeitshalber Bauminister Dr. Axel Viehweger das Problem erstmals in das Kabinett bringt – die Bedenken der Sachverständigenkommission in einem persönlichen Schreiben an den SPD-Vorsitzenden Wolfgang Thierse mit. Lothar de Maizière verweist darauf, dass aufgrund der Aussagen der Experten eine Verlegung des Parteitages dringend geboten scheint.

Thierse antwortet ihm am 13. September schriftlich, dass seine Partei, trotz dieses Hinweises, den Parteitag »wie geplant vom 26. bis 28. September 1990 abzuhalten beabsichtigt. Eine Verlegung ist sowohl aus terminlichen wie aus organisatorischen Gründen ganz und gar unmöglich.«

Lothar de Maizière gibt mir das Schreiben. Weil sich alle wegducken, bin ich jetzt der Liquidator des Palastes.

Ich gehe in mein Büro, setze mich an meinen Schreibtisch und lese im Thierse-Brief die Drohung: »Eine vorherige Schließung des Palastes der Republik durch Sie beziehungsweise durch den Ministerrat würde eine Verhinderung unseres Parteitages bedeuten.«

Dass ich zum Ansprechpartner in Sachen Palast gemacht worden bin, ist bis in die SPD-Spitze vorgedrungen. So kommt schließlich Wolfgang Thierse in einem Flur nahe der Abgeordnetenbüros auf mich zu und fragt vertraulich: »Sagen Sie mal, Herr Gehler, wie schlimm ist es denn nun wirklich um die Asbestverseuchung des Palastes bestellt?«

Ich schildere ihm ungeschminkt die Lage. Er hört geduldig zu und fragt nach unterschiedlichen Normen und Messwerten. Ich gebe ihm mein inzwischen erworbenes Wissen laienhaft weiter. Nach alten DDR-Normwerten gilt als Höchstgrenze 800 Asbestfasern pro Kubikmeter Luft, in der Bundesrepublik nur 500 Fasern. Ich erzähle ihm von dem Video der Experten, das er sich gerne bei mir ansehen könne, und erkläre ihn, dass die Messungen alle einen entscheidenden Haken haben: Sie erfolgten zumeist im Ruhezustand. Die Experten gingen angesichts der im ganzen Haus an den schadhaften Verkleidungen und Lüftungsanlagen angesammelten Asbestklumpen und -haufen davon aus, dass bei Erschütterungen die Werte ins Unermessliche steigen könnten.

Irgendwie tut mir Thierse leid. Ich erfahre, dass die Planungen des Parteitages im Palast der Republik weit fortgeschritten seien. Wolfgang Thierse bietet mir an, die persönliche Verantwortung zu übernehmen.

Das rede ich ihm aus. Ich weise darauf hin, dass bei diesem Gutachtenstand keiner von uns später mal verklagt werden wolle, wenn ein Geschädigter eine Erkrankung auf die Nichtschließung des Palastes zurückführte.

Er nickt wiederholt. Ich habe den Eindruck, er glaubt dem, was ich sage.

Ich erfahre wenige Tage später, dass die SPD-Führung beschlossen habe, ihren Vereinigungsparteitag in das ICC zu verlegen.

Die Verlegung geht nicht ohne Seitenhieb des SPD-Vorstandssprecher Eduard Heußen ab, der den Verantwortlichen im Ministerrat öffentlich vorwirft, sie »hätten mit zahlreichen Manövern versucht, sich um eine klare Antwort zu drücken, ob das Gebäude benutzbar sei«. Dieses Vorgehen rieche nach den üblen Methoden des alten Regimes, was angesichts des Gutachtens der Sachverständigen, des erfolgten und publizierten Ministerratsbeschlusses und der umfangreichen Kommunikation mit dem SPD-Vorsitzenden Wolfgang Thierse schlichtweg Unsinn ist. Aber so geht Politik.

Ich erkläre mich bereit, der Belegschaft des Palastes der Republik Rede und Antwort zu stehen. Meine Referentin Margitta Gorlt und die zwei Sachverständigen sind an meiner Seite. Als wir eintreten, empfangen mich böse Blicke und Buhrufe. Ich hatte Fairness und Verständnis erwartet. Mir waren bislang im Fahrstuhl und in den

Räumen des Palastes nur freundliche, aufgeschlossene Mitarbeiterinnen und Mitarbeiter begegnet. Mit vielen hatte ich des Öfteren ein paar Worte gewechselt. Aber nun stehe ich 1.800 Beschäftigten gegenüber, für die ich der Überbringer einer schlechten Botschaft, der Liquidator, der »Abwickler« bin.

Wir leben in einer Zeit, in der Firmen reihenweise »abgewickelt« werden – so das geflügelte Wort für das Dichtmachen nach Insolvenzen. Ich trage die Lage vor, nehme Bezug auf das Gutachten, das letztlich von der Direktion des Palastes selbst angeregt worden war. Ich ernte Zwischenrufe wie »ausgefeilte Methode, Arbeitskräfte mit einem Schlag abzubauen« oder »wir arbeiten schon so lange hier und uns ist nichts passiert«.

Es kamen auch Vorwürfe, nicht schon früher mit der Belegschaft gesprochen zu haben. Ich suche in der Masse die Fahrstuhlführerinnen, die mich schon vor Tagen auf das Asbestproblem angesprochen hatten und denen ich Auskunft gegeben hatte. Ich kann sie nicht entdecken. Was hätte es auch gebracht?

Dann aber sehe ich einige bekannte Gesichter und erkläre, dass ich schon mit einigen Mitarbeiterinnen gesprochen habe. Eine ganze Reihe nickt freundlich. Aber das sehe nur ich. Das Murren wird lauter, und ich begreife, warum der Liegenschaftsverantwortliche Eckstein bei diesem Termin aus »terminlichen Gründen« nicht dabeisein wollte.

Ich gebe den Fachleuten das Wort. Das hätte ich früher tun sollen. Es herrscht zunächst Aufmerksamkeit. Sie legen detailliert das Gesundheitsrisiko dar. Ich hatte fast die gleichen Argumente benutzt, bin aber der Politiker, sie sind die Experten. Die Stimmung kippt – aber für mich nicht zum Positiven. Ich bin plötzlich wieder der Prellbock für die Angriffe: »Warum lassen Sie uns dann weiter hier arbeiten? Wieso schließen Sie den Palast nicht sofort?«

Die Belegschaft fordert jetzt die sofortige Schließung und fragt: »Wollen Sie wirklich noch ein weiteres Gutachten abwarten? Können Sie das verantworten?«

Als wir eiligen Schrittes nach der Veranstaltung den Palast verlassen, rennt meine Referentin förmlich zum Auto. Nach dem Einstieg bittet sie den Fahrer, die Türen zu verriegeln und schnell abzufahren. Sie zittert vor Angst. Sie glaubt, man werde uns lynchen.

Einige Tage später ziehen die Palastbeschäftigten mit Plakaten vor das Ministerratsgebäude und fordern die Schließung des Palastes der Republik.

Es ist wieder Mittwoch und Kabinettssitzung. Ich will das Thema vom Tisch haben und kämpfe darum, im zweiten Anlauf eine Entscheidung zu treffen. Inzwischen liegt ein zweites Gutachten auf dem Tisch. Es stammt von Dr. Horst Bossenmayer. Der Ingenieur empfiehlt dringend, die öffentliche Nutzung des Palastes einzustellen. Der Ministerpräsident zeigt sich noch immer sehr unschlüssig. Ich habe den Eindruck, er möchte die Sache von unseren Nachfolgern entscheiden lassen. Also entweder schließen oder sanieren.

Es wird über Teilschließungen und Ausnahmegenehmigungen diskutiert. Ich stehe mit meiner Forderung nach sofortiger Schließung des gesamten Hauses allein da. Dann kommt de Maizière doch noch auf einen formal-juristischen Ausweg, um nicht als Verursacher in Erscheinung zu treten. Er meint, dass die Bezirkshygieneinspektion Berlin eigentlich die Schließung des Palastes anordnen müsse und nicht die Regierung, die lediglich Nutzer des Gebäudes sei. Wieder einer seiner brillanten Ideen.

Dieser Weg wird beschritten. So kommt es am 19. September 1990 zum Schreiben des Leiters der Bezirkshygieneinspektion Berlin Dr. Wolfgang Clemens an den Minister im Amt des Ministerpräsidenten Klaus Reichenbach. »Der Palast der Republik ist mit sofortiger Wirkung aus Gründen der Gesundheitsgefährdung durch Asbest für die gesamte öffentliche Nutzung zu sperren. Diese Feststellung schließt auch die Tagung der Volkskammer ein.

Eine Schließung aus Gründen der erkannten Gesundheitsgefährdung duldet keinen Aufschub und kann nicht von unterschiedlichen Bewertungsmaßstäben für Öffentlichkeit oder Volkskammer bestimmt sein.«

Ich rede mit Staatssekretär Moritz und dann mit Minister Reichenbach, der noch am gleichen Tag ein Antwortschreiben verfasst. Er ordnet an, sofort Maßnahmen zur Sperrung des Palastes der Republik zu treffen. »In Bezug auf die für morgen angesetzte Beratung der Volkskammer bitte ich, dies noch am heutigen Tag zu veranlassen und mich zu informieren.«

Damit ist auch dem Forderungskatalog der Belegschaft zumindest im ersten Punkt entsprochen worden. Dort hatte es geheißen: »Wir fordern im Interesse der

Gesundheit der circa 1.700 Arbeitnehmer des PdR und seiner zahlreichen Besucher die sofortige Schließung des PdR gemäß der Forderung der unabhängigen Gutachterfirma ATD (West-Berlin) auf der Grundlage ihres Zwischenberichts.« Weiter wünschten sich die Beschäftigten die Gründung einer Auffanggesellschaft und einen angemessenen Sozialplan.

In der Pressekonferenz am 19. September 1990 informiere ich über die sofortige Schließung des Palastes der Republik. Die Nachfragen der Journalisten sind enorm. Auch nach der Pressekonferenz muss ich noch Rede und Antwort stehen. Ich fühle mich durch die Vorgeschichte sicher und kann detailliert Antwort geben.

Die Journalisten spekulieren teils sehr provokativ: »Wird das Gebäude jetzt gesprengt?« Andere fragen: »Wird das Stadtschloss wieder aufgebaut?«

Ich bleibe sachlich, aber nicht ohne Zwischentöne. Manchmal schimmert das Frage-Antwort-Spiel einer Pressekonferenz durch bis hinein in die Artikel der Zeitungen. *Die Welt* schreibt: »Über das Schicksal des Hauses, in dem sie auch Theater und Restaurants befinden, herrscht noch Unklarheit. Inzwischen sind erste Stimmen zu hören, die einen Abriss und sogar den Wiederaufbau des alten ehemaligen Schlosses befürworten. Gehler meinte dazu, es sei ›erstmal von Sanierung und nicht von Sprengung die Rede‹. Darüber aber wird nach dem 3. Oktober die Bundesregierung als neuer Hausherr befinden müssen.

In der *Berliner Morgenpost* ist zu lesen: »Der Ost-Berliner Palast der Republik ist wegen Asbestverseuchung geschlossen worden. Die DDR-Volkskammer muss deshalb heute zur Verabschiedung des Einigungsvertrages ins Haus der Parlamentarier ausweichen. Wie DDR-Regierungssprecher Matthias Gehler mitteilte, wurde die Schließung des Gebäudes nach Auswertung zweier Gutachten von der Bezirkshygieneinspektion Ost-Berlins verfügt. Die Schließung dulde keinen Aufschub, teilte die Behörde gestern der Regierung der Noch-DDR in einem Schreiben mit. Für die rund 1.700 Mitarbeiter werde ein Sozialplan ausgearbeitet [...]. Nach Gehlers Worten sind tragende Gebäudeteile zum Brandschutz mit drei Zentimeter starken Asbestschichten ummantelt worden. Auf der gesamten Stahlträgeroberfläche von 170.000 Quadratmetern seien rund 720 Tonnen Spritzasbest verarbeitet worden. Die ständige Luftbelastung liege zwar unter dem geltenden Höchstwert, doch könne es bei Erschütterungen insbesondere freiliegender Asbestschichten jederzeit zu einem drastischen Freisetzen von Asbestpartikeln kommen.«

Die Nachrichtenagentur *dpa* verbindet in einer Meldung die am 20. September 1990 anstehende Beschlussfassung beider deutscher Parlamente zum Einigungsvertrag mit der Schließung des Palastes der Republik. Die Agentur verweist darauf, dass der Vertrag zur Deutschen Einheit nun ausgerechnet in Honeckers ehemaliger Residenz – das ehemalige ZK-Gebäude – beschlossen werde. »Die Volkskammer sah sich am Vortag der entscheidenden Abstimmung überraschend konfrontiert mit der wegen Asbestgefahr verfügten Schließung des Palastes der Republik, in dem bisher getagt wurde. Die Volkskammer tritt nun im Haus der Parlamentarier, der einstigen Tagungsstätte des SED-Zentralkomitees, zusammen.«

Und die *Nordwest-Zeitung* hält fest: »Manchmal schreibt die Realität das beste Drehbuch. Da steht die DDR kurz davor, als eigenständiger Staat aufzuhören zu existieren, und was passiert – ausgerechnet der Palast der Republik in Ostberlin, der Sitz der DDR-Volkskammer, muss wegen zu großer Asbestbelastung geschlossen werden [...]. Quasi über Nacht wird der gewaltige Quaderbau auf der Spreeinsel zum Symbol der DDR-Geschichte [...]. Schon mehren sich die Stimmen, das Gebäude angesichts geschätzter Sanierungskosten von 400 Millionen DM ganz in die Luft zu sprengen und das einstige königliche Stadtschloss wieder aufzubauen, so als wollte man die Hinterlassenschaft der SED-Herrschaft auch aus dem Stadtbild tilgen. Dem Berliner Stadtbild täte das sicher gut – aber ist das der immer angemahnte verantwortungsbewusste Umgang mit der Geschichte?«

Nach der Pressekonferenz rufe ich die Präsidentin der Volkskammer an. »Frau Bergmann-Pohl, ich habe gehört, dass Sie gerade dabei sind, sich in einer Präsidiumssitzung der Volkskammer für einen weiteren Verbleib des Parlaments im Palast Republik auszusprechen?«

»Ja, Herr Gehler, ich bin der Meinung, wir sollten diesem Rummel um die Asbestfasern nicht nachgeben.«

»Wie kommen Sie denn zu dieser Auffassung?«

»Ich bin Lungenärztin und habe Erfahrungen mit diesen Dingen und kann die Folgen einschätzen.« Dann erzählt sie mir, dass sie aus medizinischer Sicht überhaupt keine Bedenken habe.

Parlamentspräsidentin Bergmann-Pohl unterm Emblem in der Volkskammer, dessen Entfernung sie angeordnet hatte, 31. Mai 1990

Da ich als medizinischer Laie der ärztlichen Erfahrung nichts entgegensetzen kann, schildere ich ihr so bildhaft wie möglich, was ich im Video gesehen habe. »Frau Bergmann-Pohl, im Film werden freiliegende Asbestklumpen gezeigt, die an Rohren, Stahlträgern, in Ecken und offenen Bauteilen, praktisch überall im Palast zu finden sind. Teilweise liegen sie auf Schränken, in Nischen und Schächten. Das betrifft auch Büros, Toiletten, Wirtschaftsräume, Küchen und Keller. Der Asbest schwirrt lose durch den ganzen Palast. Es sind Lüftungsanlagen zu sehen, die mit dem krebserregenden Stoff zugesetzt sind, und das besonders an den Gittern der Ausgänge. Bei jeder Erschütterung kann sich etwas lösen. Das gilt auch für den Volkskammersaal. Bei ganz bestimmten Schwingungen ist die Freisetzung besonders hoch. Das ist die Hauptsorge der Experten. Auch beim Applaus der Abgeordneten könnte es zu Abbröckelungen in unvorstellbaren Größenordnungen kommen. Wollen Sie das Parlament diesem Risiko, das wir jetzt kennen, gegen den Rat der Sachverständigen bewusst aussetzen? Das halten Sie nicht durch.«

Sie schweigt, und ich befürchte, dass ich – ähnlich wie die Brigade Schaller – zu dick aufgetragen habe. Sie denkt nach und fragt mit gedämpfter Stimme, so als wollte sie keine Fasern freisetzen: »Wenn das so ist, dann ist ja äußerste Vorsicht geboten.«

Ich bestätige. Sie sichert mir zu, dass die Volkskammer am nächsten Tag umziehen werde.

Ich sage ihr nicht, dass wir vermuten, aber bislang keine Untersuchungsergebnisse haben, dass das Haus der Parlamentarier vielleicht noch mehr als der Palast verseucht sein könnte. Um das Fünffache, heißt es hinter vorgehaltener Hand. Die Sachverständigen schließen das nicht aus.

Als ich darüber mit dem PDS-Vorsitzenden Gregor Gysi rede, bemerkt dieser sarkastisch und mit einem breiten Grinsen auf den Lippen: »Jetzt kann ich mir manche Entscheidung des Zentralkomitees erklären.«

Das Telefonat mit Frau Dr. Bergmann-Pohl muss diese sehr stark mitgenommen haben. Aufgeregt kommen einige Mitarbeiter des Regierungssprecheramtes zu mir und berichten von einem PR-Crash allererster Güte. Jeder hofft, dass es davon keine Bilder gibt. Die Volkskammerpräsidentin sei noch einmal im Palast der Republik gewesen, um einige Unterlagen zu sichern. Sie habe dabei eine Gasmaske getragen. Unvorstellbar.

Ich gehöre zum Berliner Presseclub, dessen Mitglieder im August 2021 eine sehr aufschlussreiche Führung durch das neu entstandene Berliner Stadtschloss bekamen. Um Geschichte weiterzutragen sind im jetzigen Humboldt-Forum hin und wieder Elemente des Palastes eingebaut worden. Ich habe die jahrelange Diskussion um den endgültigen Abriss des Palastes und die Rekonstruierung des Schlosses verfolgt und bin mit dem Ergebnis versöhnt, wenn auch nicht mit jeder Ausstellung zufrieden. Das darf so sein. Beeindruckt hat mich, die transparente Wahlurne wiederzusehen, die zentral in einem Eingangsbereich platziert ist und die für die Freiheit des ersten und letzten frei gewählten Parlamentes der Deutschen Demokratischen Republik steht.

Auf der Tafel davor ist zu lesen: »Hier stand einst der Palast der Republik. Dort tagte ab 1976 die Volkskammer, das nominell höchste Verfassungsorgan der DDR.

[…] Die Wahlurne wurde zur Stimmabgabe der im März 1990 erstmals frei gewählten Volkskammer genutzt. Die durchsichtige Box symbolisierte die neue Transparenz parlamentarischer Entscheidungen in der Demokratie. Am 23. August 1990 diente sie zur Abstimmung über den Beitritt der DDR zum Geltungsbereich des Grundgesetzes der Bundesrepublik Deutschland.«

Schockiert hat mich das dahinterstehende große farbige Bild. Es zeigt einen Abgeordneten, der gerade seine Stimme abgibt.

Der Abgeordnete auf dem Foto ist Martin Kirchner.

An der Stelle des Palastes der Republik wurde das alte Stadtschloss mit Anbau errichtet. Dort, in einer Ausstellung zur Geschichte des Ortes, wird eine Gläserne Wahlurne gezeigt, illustriert mit einem Foto, das einige Fragen aufwirft

MINISTERRAT

DER DEUTSCHEN DEMOKRATISCHEN REPUBLIK

DER MINISTERPRÄSIDENT

Herrn
Matthias Gehler

Berlin

Sehr geehrter Herr Gehler,

mit dem Beitritt der Deutschen Demokratischen Republik zur Bundesrepublik Deutschland gemäß Artikel 23 des Grundgesetzes am 03. Oktober 1990 endet die Tätigkeit des Ministerrates.
Gemäß Beschluß des Ministerrates vom 02. Oktober 1990 berufe ich Sie mit Wirkung vom 03. Oktober 1990 als

Regierungssprecher

ab.

Für Ihre umsichtige und verantwortungsvolle Arbeit sowie Ihr hohes persönliches Engagement in Verwirklichung unseres Regierungsprogrammes zur Vollendung der Einheit Deutschlands in Frieden und Freiheit danke ich Ihnen herzlich.

Mit vorzüglicher Hochachtung

Lothar de Maizière

Berlin, den 02. Oktober 1990

Stabskultur in Vollendung: Entlassung am letzten Tag der Deutschen Demokratischen Republik

Die Wiedervereinigung

Die Wiedervereinigung vollzieht sich auf verschiedenen Ebenen und sie kommt in Schritten. Die persönliche Ebene der Menschen ist die intensivste.

Dadurch, dass die Grenzen offen sind, werden nicht nur Familien zusammengeführt, sondern auch getrennt. Allein 1989 übersiedelten 343.900 Bürger der DDR in die Bundesrepublik. Im Jahr der Wiedervereinigung verlassen immerhin noch rund eine Viertelmillion Menschen das Gebiet der DDR. Es sind vor allem Jüngere, die gehen. In die persönliche Ebene gehören auch alle möglichen Neuregelungen. Die Veränderungen im Alltag fordern die Menschen auf Schritt und Tritt: Währungsumstellung, ungeklärte Eigentumsverhältnisse, Jobverlust, nicht anerkannte Bildungsabschlüsse, fremde Produkte in den Regalen, Pressefreiheit, westlich sozialisierte Vorgesetzte mit einer anderen Sprache und Mentalität, undurchsichtige Preise, verpflichtende Steuer und alle möglichen Umstellungen bei Versicherungen und in Behörden …

Seit die Grenzen offen sind und die Staatsmacht sich zurückgezogen hat, nutzen auch Gauner, Diebe, Betrüger und Abenteurer dieses Vakuum. Die Wiedervereinigung ist eine Pferdekur – privat, gesellschaftlich und wirtschaftlich. Es greift alles ineinander. Die Lageberichte aus dem Ministerium des Inneren und die aus den Bezirken sind ein Spiegelbild dieser massiven Umwälzungen. So habe ich allmorgendlich für die Vorbereitung der kleinen Lage die Wucht der Umwälzungen in ungeschminkten Schilderungen auf dem Tisch liegen.

Hier nur einige wenige Beispiele aus den Tagen der Wirtschafts-und Währungsunion aus den Lageberichten »Öffentliche Ordnung und Sicherheit« des Ministeriums des Inneren, die mittelbar oder unmittelbar in Zusammenhang mit der Wiedervereinigung stehen und die angespannte Lage deutlich machen:

23.06./24.06.1990:

• »In der Zeit von 09.30 bis 12.00 Uhr führten circa 1.100 Bürger der umliegenden Ortschaften des sowjetischen Militärflugplatzes Polenz bei Brandis/Wurzen/Leipzig einen Sternmarsch zur dortigen Garnison der Sowjetarmee durch. Während der anschließenden Kundgebung vor dem Objekt wurde gegen Umweltverschmutzung und Fluglärm protestiert.«

• »Am 21.06.1990 fand in der Milchwirtschaft Dresden eine Beratung zur Streichung von Subventionen statt. Durch den Genossenschafts-und Bauernverband wurde festgestellt, dass die Subventionsstreichungen zu Massenarbeitslosigkeit führen würden. Der Verband legte fest, wenn bis zum 25.06.1990 die Festlegung über die Volkskammer nicht zurückgenommen wird, erfolgen angemeldete Demonstrationen. Zum Beispiel wollen die Bauern der LPG Marsdorf-Weixdorf/Dresden eine Demonstration auf der Autobahn Berlin-Dresden mit Technik durchführen.«

28.06./29.06.1990:

• »Einem Aufruf der Gewerkschaft Kunst-Kultur-Medien zu einer Protestkundgebung auf dem Alexanderplatz in Berlin-Mitte folgten um circa 17.00 Uhr circa 1.500 Teilnehmer. Sie forderten den Erhalt des deutschen Fernseh- und Rundfunks sowie ihrer Arbeitsplätze.«

• »Von 12.45 bis 13.10 Uhr demonstrierten circa 200 Beschäftigte des Ingenieurentwicklungsbüros für Straßenwesen Berlin für höhere Löhne.«

• »In der Zeit von 17.00 bis 18.00 Uhr protestierten vor dem Neuen Rathaus in Berlin circa 150 Trainer und Sportler des DTSB gegen ihre Entlassung.«

• »Circa 150 Bürger der Elterninitiative Leipzig-Gohlis demonstrierten von circa 17.00 bis 18.30 Uhr gegen die Einrichtung eines Elektronikmarktes im Schulviertel.«

• »Im Stadtgebiet von Zwickau/Chemnitz fand von 11.45 bis 12.45 Uhr eine Demonstration von circa 200 Personen mit 10 Fahrzeugen statt. Aufgerufen dazu hatte die IG Bergbau-Energie-Wasserwirtschaft, um ihren Tarifforderungen entsprechend Nachdruck zu verleihen.«

• »Unter Verletzung der Bannmeile um den Palast der Republik setzen die Mitarbeiter der Stadtwirtschaft mit ihren circa 170 Spezialfahrzeugen den unbefristeten Streik fort. Sie fordern weiterhin höhere Löhne und angemessene Preise für die Müllentsorgung.«

• »Wegen der Entlassung von Kollegen des Intershops ›Rasthof Börde‹ in Magdeburg streikten vom 27.06. 1990, 13.00 Uhr, bis in die Nachmittagsstunden des 28.06.1990 circa 90 Mitarbeiter.«

• »Für die Sicherheit ihrer Arbeitsplätze und höhere Löhne führten die Beschäftigten der Kraftverkehr-GmbH Halle einen Warnstreik durch.«

29.06./30.06.1990:

• »Der seit dem 26.06.1990 andauernde Streik der Mitarbeiter der Stadtwirtschaft Berlin wurde am 29.06.1990, gegen 15.30 Uhr beendet.«

• »Einem Aufruf der IG Metall folgend, führten circa 700 Beschäftigte des Transformatorenwerkes ›Karl Liebknecht‹ (Berlin-Köpenick) in der Zeit von 12.30 Uhr bis gegen 12.55 Uhr eine Streikversammlung auf dem Gelände des Kabelwerkes Oberspree durch.«

• »Mit der Forderung der Übernahme durch die BRD-Firma Beck und der Gewährleistung sozialer Sicherheit traten Mitarbeiter der Stadtreinigung Aschersleben zwischen 10.00 und 15.30 Uhr in einen Streik.«

• »Gegen die Unterbringung von circa 50 sowjetischen Bürgern jüdischer Nationalität im Objekt der ehemaligen Schule für Zivilverteidigung in Laura-Dorndorf protestierten Bürger der Stadt Laura in Form einer Unterschriftensammlung.«

• »Über Notruf des Volkspolizeikreisamtes (VPKA) Jüterbog/Potsdam erfolgte um 22.34 Uhr eine anonyme Bombendrohung gegen das evangelische Krankenhaus in Jüterbog. Der Anrufer gab sich als Mitglied der RAF aus. Während der Absuche von 23.30 Uhr bis 01.30 Uhr wurden 90 Patienten evakuiert.«

• »Weitere Gewaltandrohungen richteten sich gegen eine Abgeordnete der Volkskammer der DDR in Berlin, gegen ein Mitglied der Stadtbezirksverordnetenversammlung von Berlin-Weißensee, eine Feuerwehrdienststelle des VPKA Greifswald/Rostock, einen Mitarbeiter des Rates der Stadt Pritzwalk/Potsdam, eine Tankstelle in Halle-Neustadt, einen Personenzug der Strecke Halle-Schkopau, gegen einen wegen Renovierung geschlossenen Jugendklub im Ortsteil Lobeda-Jena, eine Konsumverkaufsstelle in Magdala-Weimar.«

30.06./01.07.1990:

• »Im Zusammenhang mit der Währungsumstellung gab es während der Geldtransporte in Berlin sowie in den Bezirken keine Störungen. Ab gegen 22.00 Uhr sammelten sich an der Filiale der Deutschen Bank, im Haus der Elektroindustrie in Berlin Mitte, bis zu circa 10.000 Personen an, um entsprechend der Presseveröffentlichung ihre DM-Auszahlung bereits am 01.07.1990, 00.00 Uhr zu realisieren. Zirka 300 bis 400 dieser Personen waren angetrunken und störten den normalen Ablauf. Durch den zielgerichteten Einsatz von operativen Kräften der Deutschen Volkspolizei konnte beruhigend auf den Ablauf eingewirkt und eine Normalisierung erreicht werden. Wegen Kreislaufschwäche mussten insgesamt 32 Bürger ambulant behandelt werden.«

• »Am 30.06.1990 wurde durch eine vertrauliche Mitteilung bekannt, dass am 01.07.1990 ein Angriff auf die Sparkasse Löbau, Zweigstelle Obercunnersdorf, erfolgen soll. Die Tat soll von mehreren Personen, unter Nutzung einer Luftdruckpistole und zwei Funkgeräten, sowie eines Fluchtfahrzeugs durchgeführt werden. Entsprechende

Maßnahmen der Deutschen Volkspolizei wurden eingeleitet.«

• »Ein anonymer Anruf erfolgte gegen 03.45 Uhr in der Redaktion der Tageszeitung *Wir in Leipzig* in Leipzig. Der männliche Anrufer sprach den Text: ›Wenn der Herr Diestel am DSU-Parteitag teilnimmt, fliegt die Bude in die Luft.‹«

Der Entwurf zum ersten Staatsvertrag, dem Vertrag zur Wirtschafts-, Währungs- und Sozialunion (WWS), zwischen den beiden deutschen Staaten wurde von Bonn unterbreitet. Damit war eine gewisse Abfolge der zu regelnden Themen vorgegeben. Günther Krause, Parlamentarischer Staatssekretär, läuft während der Verhandlungen zur Höchstform auf.

Als Verhandlungsführer lernt er methodisch schnell, wie die andere Seite vorgeht, prägt sich in Windeseile die Zahlen und Fakten ein, die in der Vorbereitungsrunde besprochen werden, und taucht oft zur Lage oder zu gesonderten Gesprächen beim Ministerpräsidenten auf.

In den Besprechungen geht es neben juristischen Dingen, die der Ministerpräsident einbringt, sehr häufig um taktische Spielchen. Ich verstehe mich mit ihm gut, und der kurze Draht zu Krause hilft, dass wir pressemäßig nicht ins Hintertreffen geraten. Das ist nicht einfach: Die Bundesregierung als Verhandlungspartner verfügt über viel länger gepflegte Presseverbindungen und Kontakte, sie hat Experten zur Hand, die zitierbar sind.

Wir haben das Problem, dass die Bevölkerung im Osten direkter als jeder Altbundesbürger betroffen ist von dem, was im Vertrag geregelt oder nicht geregelt wird. Details kann man überall nachlesen. Interessant sind die handelnden Personen.

Günther Krause ist als Verhandlungsführer zugleich Leiter des Arbeitsstabes Deutsche Einheit und jemand, der mit Schwung andere mitreißt, aber auch auf sie hört. So gestaltet sich die Zusammenarbeit mit Staatssekretär Walter Siegert sowie Willfried Stoll von der Staatsbank der DDR sehr effektiv.

Auf der anderen Seite wird Hans Tietmeyer mit der Verhandlungsführung beauftragt. Tietmeyer war von 1982 bis 1989 Staatssekretär im Bundeswirtschaftsministerium. Vom Temperament her ist er im Gegensatz zum emotional aufgeladenen Krause eher der Sachliche. Trotzdem bringen ihn Journalisten bisweilen in Rage, und ich habe alsbald seine Beschwerde auf dem Tisch, Journalisten hätten den Verhandlungsführer bis auf die Toilette verfolgt. An eben jenem Ort höre ich ihn über Krause fluchen. Er wähnt sich allein.

Dann unterhalten wir uns, und er zollt plötzlich Krause Hochachtung. Was die Währungsumstellung betrifft, hätte Tietmeyer lieber eine härtere Gangart. Hintergrund ist das zähe Ringen um den Umtauschkurs. Für alle einen Umtauschkurs 1:1 bis zu 2.000 DM anzuwenden, wäre aus unserer Sicht den Rentnern gegenüber ungerecht gewesen, die mühsam Geld für ihren Lebensabend angespart und teils in ihrem Leben schon mehrere Entwertungen mitgemacht hatten. Weitestgehend gegen den Willen von Tietmeyer wurde dann unserem Einwand von Kohl politisch stattgegeben und die Ruheständler konnten 6.000 DDR-Mark 1:1 in DM tauschen – ansonsten sollte der Kurs 2:1 sein.

Wichtig war insbesondere, dass ab der Währungsunion alle laufenden Geldgeschäfte und Löhne 1:1 abgewickelt wurden. De Maizière begründet das: »Die durchschnittlichen Einkommen in Ostdeutschland betragen etwa vierzig Prozent der vergleichbaren Einkommen in der Bundesrepublik. Wenn wir diese Einkommen 2:1 oder wie gar manche meinen 4:1 umstellen, würde ein Arbeiter in Ostdeutschland mit einem Zehntel des Lohnes nach Hause gehen, den sein westdeutscher Kollege verdient.«

Am 18. Mai 1990 wird der erste Staatsvertrag zur Herstellung der Wirtschafts-, Währungs- und Sozialunion in Bonn im Palais Schaumburg unterzeichnet. Wir sitzen in einem eher kleinen Raum. Die beiden Finanzminister unterschreiben den Vertrag. Für die Bundesrepublik zeichnet Theo Waigel, für die DDR Walter Romberg. Letzterer äußerte sich später, dass er sich wie beim Ausverkauf gefühlt habe. Wenn der Deal auch mehr als fair ist, eines hat die DDR mit dieser Unterschrift aufgegeben – ihre finanzielle Souveränität. Diese liegt nun bei der Bundesbank.

Nach der Unterzeichnung hält Helmut Kohl eine Rede, in der er von blühenden Landschaften spricht, aber auch darüber, dass das ein laufender Prozess sein werde.

Es gibt noch weitere Geschichten, etwa die, dass Lothar de Maizière beim für die Presse inszenierten eigenen Umtausch kein Geld dabei hat und sich 100 DDR-Mark leihen muss; dass nach dem »Umtauschfest« mit vielen Sponsoren, Gesprächsrunden und Presseterminen in der großen Empfangshalle des Ministerrates jemand sich einen dauerhaften Passierschein für das Gebäude erschleicht, oder dass die DDR-Versicherungen kein Geld haben, da die in der DDR eingenommen Versicherungsbeiträge immer wie Steuern an den Staat geflossen sind. Deshalb müssen sie verkauft werden. Den Zuschlag bekommt die Allianz.

»Die Menschen verzweifeln – die Minister machen Urlaub« titelt die *Bild* am Donnerstag, den 2. August, auf der ersten Seite in großen Lettern. Unter der Überschrift sind die Porträts von zwölf Ministern und Ministerinnen aneinandergereiht.

Ein Desaster, wenn es stimmen sollte.

Also rufe ich sofort die Minister an oder, wenn diese nicht zu erreichen sind, lasse ich mir von allen Büros oder Pressestellen zuarbeiten, wo sie sind. Ich frage auch die Ministerien ab, die in der *Bild* nicht genannt sind.

Es stellt sich heraus, dass nur ein einziger Minister Kurzurlaub hat. Die anderen sind alle hinter ihren Schreibtischen oder dienstlich unterwegs. In einem Fall liegt eine tragische Familienangelegenheit vor, weshalb der Minister frei nahm.

Also lasse ich mich mit dem Chefredakteur der *Bild* Hans-Hermann Tiedje verbinden. Tiedje, Jahrgang 1949, ist mir als gestandener Journalist vor allem in der Boulevardpresse bekannt, hat aber auch Fernseherfahrung als Moderator der *NDR*-Talkshow. Chefredakteur ist er erst seit 1989.

Er ist auch sofort am anderen Ende der Leitung.

»Tiedje.«

»Gehler.«

»Was ist?«

»Herr Tiedje, Sie haben da auf Seite 1 zwölf Minister und behaupten, dass sie alle im Urlaub wären.«

»Und?«

»Ich habe das überprüft.«

»Und?«

»Einer ist im Kurzurlaub und einer ist in einer dringenden Familienangelegenheit weg. Alle anderen sind im Dienst.«

»Was macht das, Gehler? Wollen Sie die Einheit oder nicht?«

»Aber nicht so und nicht mit Ihnen!«

Tiedje schreit ins Telefon. Ich schreie auch und lege auf. Wir haben beide keinen guten Tag.

Schaut man sich den Artikel an, fällt auf, dass der Leser mit der treffenden Beschreibung der gesellschaftlichen Situation geschickt abgeholt wird: »Die DDR taumelt am Abgrund, viele Menschen verzweifeln. Aus allen Gebieten des Landes kommen schlechte Nachrichten: eine Rekordernte verdorrt auf dem Feld. In den Korridoren der Arbeitsämter drängen sich täglich mehr Arbeitslose. Manche Betriebe konnten ein Ultimo, dem ersten D-Mark-Zahltag in der DDR, ihre Mitarbeiter nur zur Hälfte entlohnen; Finanzminister Romberg (SPD) feilscht um neue Milliarden aus Bonn.

Während die Not stündlich wächst, legen sich zahlreiche DDR-Minister gelassen in die Sonne, genießen schöne Ferien. Keiner von ihnen ist länger als vier Monate im Dienst. Jeder normale Arbeitnehmer hat bei uns Urlaubsanspruch, wenn er mindestens ein halbes Jahr bei einer Firma beschäftigt ist. Und die Damen und Herren

Lehrstellen

Wo es im Westen welche gibt

Donnerstag, 2. August 1990 60 Pf

Bild

UNABHÄNGIG · ÜBERPARTEILICH

Mecklenburg/Vorpommern

über 30 Grad!

Jetzt wird der Sommer gefährlich

Die Gehälter der Fußball-Manager

Von Hoeneß (55000 Mark) bis Diekhoff (6600 Mark)

Giftgas in Gera

Der Tod lauert in der Erde

DDR Die Menschen verzweifeln – die Minister machen Urlaub

Daß sie sich nicht schämen

NACHRICHTEN

Deutschland will Berlin

„Huckepack" durch

Gesucht: neue Flagge

Strafzinsen verboten

Dollar sackt weiter

Erste Retorten-Drillinge

Mittwochslotto

Geld, Börse

TV-Tip

Heute ist Donnerstag

Die Frau, die nach Madonna kam..

Was der Kanzler de Maizière sagte

Goldregen 7 Frauen glücklich

Hitze! Was Sie jetzt trinken sollten

Was ist das?

Rau: Kohl hat noch nicht gewonnen

Mallorca

Deutscher Baron auf der Terrasse niedergeschossen

Titelseite der Bild *vom 2. August 1990*

DDR-Minister können nach der gesamtdeutschen Wahl am 2. Dezember so lange Urlaub machen, wie sie wollen. Stattdessen erholen sie sich jetzt, dass sie sich nicht schämen!«

Was die geschilderten Urlaubssituationen der einzelnen Ministerinnen und Minister betrifft, sind die meisten Fakten herbeigeschrieben. Es wird ein Tag als Fallbeispiel genommen. Im Text heißt es: »Von den 23 Ministern im Kabinett de Maizière waren gestern 12 nicht an ihrem Schreibtisch: [...] Verteidigungsminister Rainer Eppelmann (47, DA) erholt sich bei seiner Schwiegermutter im Stuttgarter Vorort Steckfeld, bewacht von zwei Vopos. Heute ist er Gast der Bundespressekonferenz. [...] Außenminister Markus Meckel (37, SPD) urlaubt zunächst zu Hause im Mecklenburgischen, von nächster Woche an in Polen. Entwicklungshilfeminister Hans-Wilhelm Ebeling (56, parteilos, demnächst CDU) macht günstig Urlaub im Bundesgebiet. Wurde zuletzt in Konstanz gesehen. Er will tatsächlich wieder am Schreibtisch sitzen. Umweltminister Karl-Hermann Steinberg (49, CDU) hat sich in harter Pflichterfüllung eine Dienstreise ins ferne Kenia auferlegt. Er informiert sich über den Treibhauseffekt. Justizminister Kurt Wünsche (60 parteilos, früher Ulbrichts Handlanger, hätte abgelöst werden müssen) entspannt sich auf seinem Ostberliner Grundstück. [...] Arbeitsministerin Regine Hildebrandt (49, SPD) erklärte am Dienstag wie sehr ›das Land brennt‹, dann machte sie frei, bis kommenden Montag. [...] Gesundheitsminister Jürgen Kleditzsch (46, CDU) macht eine Rundreise durch die DDR. Einer hat inzwischen arbeiten gelernt: Landwirtschaftsminister Peter Pollock (59, parteilos), den sein Regierungschef auf dem Höhepunkt der LPG-Krise aus dem Urlaub zurückholte, ist jetzt täglich bei den notleidenden Bauern unterwegs. Ministerpräsident Lothar de Maizière arbeitet täglich sechzehn Stunden. Ein Vertrauter: ›Als Kapitän des Schiffes ist er immer an Deck.‹ Vielleicht sorgt er noch dafür, dass das auch für seine Offiziere gilt.«

Neben der Fortsetzung des »Urlaubsartikels« über die DDR-Minister auf der letzten Seite der *Bild* ist ein völlig unkritischer Beitrag über Bundesarbeitsminister Norbert Blüm zu finden, der sich gerade während eines Finnlandurlaubs erholt.

Bei der Wiedervereinigung gelten für Ost und West andere Maßstäbe.

Adlershof wird besichtigt: Links außen Johnny Klein mit dem letzten DFF-Intendanten Michael Albrecht

Wir stehen im Vorzimmer des Ministerpräsidenten und reden über den Zweiten Staatsvertrag. Der Titel klingt sehr sperrig und umständlich. Da es nur zwei große innerdeutsche Verträge sind, die den Weg zur Einheit regeln, plädiere ich dafür, diesem Vertragswerk einen besonderen Namen zu geben. Lothar de Maizière, Berater Fritz Holzwarth und Günther Krause fragen mich nach einem Vorschlag.

Ich sage: »Es ist der Vertrag zwischen der Bundesrepublik Deutschland und der Deutschen Demokratischen Republik über die Herstellung der Einheit Deutschlands – also kurz der Einigungsvertrag. Nennen wir ihn doch einfach so: ›Einigungsvertrag‹. Das kann sich jeder merken und jeder Journalist schreiben.«

Im weiteren Gespräch reden wir – als wäre es schon beschlossen – über den »Einigungsvertrag«.

In der folgenden Nacht kann ich schlecht schlafen, weil ich meine Wortschöpfung als absoluten Unsinn empfinde. Bei jedem Vertrag einigt man sich. Im Halbschlaf kommen mir sachlich richtigere Begriffe in den Sinn. Er könnte »Einheitsvertrag«, »Wiedervereinigungsvertrag« oder »Vereinigungsvertrag« heißen, aber das spricht sich irgendwie schwerer.

Es ist zu spät. In der kleinen Lage beim Ministerpräsidenten am nächsten Morgen reden alle über den »Einigungsvertrag«, als habe es den Begriff immer schon gegeben. Die Wortschöpfung funktioniert. Sie ist in aller Munde, wird immer wieder geschrieben, und keiner regt sich darüber auf. Das Wort »Einigungsvertrag« findet sogar Eingang in die amtliche Bezeichnung des Werkes

– wenn zuweilen auch nur in Klammern. Günther Krause läuft erneut zur Höchstform auf und ist ein brillanter Verhandlungsführer. Die Verhandlungspartner aus dem »Schäuble-Ministerium« sind sichtlich überrascht, als wir diesmal mit einem Entwurf um die Ecke kommen. Wir haben aus den Verhandlungen zum Ersten Staatsvertrag gelernt.

Der Einigungsvertrag wird von Wolfgang Schäuble und Günther Krause am 31. August 1990 im Berliner Kronprinzenpalais unterzeichnet. Im Garten sind weiße Stehtische aufgebaut. Ich bin schon erheblich früher da, habe mir ein Glas Wasser organisiert und stelle mich an einen der Tische, um mir die Abläufe für die Veranstaltung und die Presseliste noch einmal anzusehen. Da stellt sich unbemerkt jemand neben mich und beginnt ein lockeres Gespräch. Es ist Bundesinnenminister Wolfgang Schäuble.

»Kann ich mich zu Ihnen stellen«?

»Jederzeit.«

»Wie geht's?«

»Es geht in großen Schritten auf die Einheit zu.«

»Reden wir über das, was man nicht in einem Vertrag vereinbaren kann.«

»Über Mentalitäten, Menschen, ihre Kultur, Ihre Geschichte …?«

Schäuble schaut mich an, neigt etwas seinen Kopf und ergänzt: »… über Familien, Kollegen, Freunde, Politiker und Parteien. Was passiert da gerade?«

Wir reden über die Menschen, die da vereint werden sollen, übers Reisen, um den jeweils unbekannten Teil

Deutschlands kennenzulernen, über das Zeitfenster, das wir gerade haben.

Der Innenpolitiker und der Regierungssprecher reden über Außenpolitik. In Moskau brodelt es, und Anfang des Monats hat Saddam Hussein Kuwait überfallen. Wir sind uns einig: Wir sind nicht der Mittelpunkt der Welt – auch wenn wir uns im Moment so fühlen.

Am Abend des 2. Oktober stehe ich zusammen mit Politikern auf der Treppe des Reichstagsgebäudes. Die Wiese davor ist voller Menschen, die den 3. Oktober erwarten. Zuerst halte ich mich in der Nähe von Lothar de Maizière auf. Dann steht irgendwann Willy Brandt neben mir. Zunächst hatte ich ihn gar nicht bemerkt.

Brandt wirkt in sich gekehrt. Er schaut unentwegt nach vorne in die Menge, dann zu mir, lächelt etwas und sagt: »Ein besonderer Tag.« Dann geht sein Blick wieder starr nach vorne. Brandt bewegt sich nicht mehr. Er schaut eine gefühlte Ewigkeit nur in die jubelnde Menschenmasse. Für ihn wird eine Vision war. Willy Brandt rollen Tränen über das von Scheinwerfern angestrahlte Gesicht. Der SPD-Ehrenvorsitzende, entgegen den Bremsern der Wiedervereinigung in seiner Partei wie Oskar Lafontaine, gehört zu jenen, die sich insbesondere seit dem Fall der Mauer sehr vehement für die deutsche Einheit stark machten. In der SPD hätten sich einige allen Ernstes eine reformierte DDR gewünscht, einen vom Westen finanzierten zweiten deutschen Staat, ungeachtet der Auswanderungswelle.

Der Politpensionär Willy Brandt ist in dieser Frage eher mit Helmut Kohl auf einer Linie – den Moment für die deutsche Einheit nutzen und sie fest machen, auch außenpolitisch. »Jetzt wächst zusammen, was zusammengehört«, soll Brandt in seiner Rede am 10. November 1989 vor dem Rathaus in Berlin-Schöneberg gesagt haben. Was so nicht stimmt, aber er hat es so ähnlich nach dieser Rede Journalisten gegenüber formuliert. In zwei Zeitungen ist das im anderen Wortlaut nachzulesen. Beim Parteitag der Sozialdemokraten im Dezember 1990 wird der Spruch zum Slogan werden.

Brandt legt mit »wachsen« den Fokus auf den Prozess. Zusammenwachsen gefällt mir besser als die »blühende Landschaften« von Helmut Kohl, die noch ziemlich weit weg sind. Ein Kirchenmann – Dr. Ulrich Neymeyr, Bischof im Bistum Erfurt – bringt es am 16. November 2023 für mich auf den Punkt: »Forstwirte versprechen keine blühenden Landschaften. Sie sagen: Es dauert.«

In der Philharmonie in Westberlin findet die Festveranstaltung zur Wiedervereinigung am 3. Oktober 1990 statt. Ein Redner geht nach vorn ans Pult und beginnt eine Ansprache, die nicht geplant ist. Er wird entfernt.

Ab dem 3. Oktober 1990 habe ich keine Funktionen mehr. Mit der Einheitsfeier und einem dichten Plan von Terminen und Veranstaltungen wird die Leere überdeckt. Ich gebe Interviews und spreche ab sofort für mich selbst. Personenschutz ist an diesem Tag unbedingt nötig. Bei einem Auftritt auf einer Bühne Unter den Linden werde ich von den Sicherheitsleuten ins Auto verfrachtet und weggefahren. Es gebe eine Gefahrensituation vor Ort. Eine Gruppe habe sich erkundigt: »Wie viel hat er denn mit?« Auf einer der Fernsehfunk-Bühnen reicht man mir die Gitarre. Ich singe: »Muss ich nun lernen, ein Deutscher zu sein?«

Ich erfahre von Eckstein, dass irgendwelche Genossen aus der alten DDR-Zeit in der Nacht vom 2. zum 3. Oktober die deutsche Fahne auf dem Ministerratsgebäude auf Halbmast gesetzt haben. Ein Abschied von der DDR wie sie war – nicht ohne Widerstand.

Der Nachtrag

Ich war später einmal im Auftrag der Bundesregierung in Südkorea. Die Koreaner wollten wissen, wie man sich wiedervereint. Sie haben großen Respekt gegenüber Deutschland und finden, dass wir das ganz gut hinbekommen haben. Die Situation beider Länder ist grundverschieden. Der Blick von außen hat mir aber geholfen, das Eigene zu achten und wertzuschätzen.

Ich werde oft gefragt, ob wir etwas hätten besser machen können. Im Nachhinein immer. Aber in dieser Zeit haben wir das Möglichste getan, mit den Mitteln, die wir hatten und in dem Zeitfenster, das uns blieb.

Wieso habe ich so viel Subjektives in meinen Text eingebaut?

Es ist schon so viel vermeintlich Objektives über die deutsche Wiedervereinigung geschrieben worden. Ein guter, erfolgreicher und befreundeter Journalist hat mich gefragt: »Willst du das nächste Sachbuch schreiben, wo du doch dabei warst? Schreibe aus deiner Sicht und dialogisch. Das ist der Mehrwert.«

Dann habe ich noch einmal von vorne angefangen.

So sind die Dialoge ins Buch gekommen. Ich bin ein Sammler. Sie sind anhand meiner Unterlagen akribisch rekonstruiert, teils belegt durch meine fast wörtlichen Aufzeichnungen für Pressekonferenzen wie beim Treffen Meckel-Schewardnadse, basieren teils auf nachträglichen

Lothar de Maizière feiert seinen 65. Geburtstag mit Weggefährten, Kollegen und Freunden; 2. März 2005

Interviews, sind recherchiert und manchmal auch mit den Betroffenen abgestimmt. So habe ich die Zeit damals in Erinnerung.

Wichtig war mir, die Akteure der Wiedervereinigung mit ihrem Charakter, in ihren Möglichkeiten und ihrem Aktionsradius darzustellen. Einige leben nicht mehr. Ich kann sie nur würdigen, wie ich sie persönlich erlebt habe.

Manches habe ich nicht geschrieben, weil mir Freundschaften wichtiger sind.

Es gibt alle möglichen weiteren erlebten Geschichten aus jener Zeit. Wenn sie interessieren, reicht es vielleicht für einen Teil zwei – wenn nicht, will ich niemanden damit belästigen.

Die Gegenwart ist anstrengend genug.

Personenregister